천국에서 보낸 9일

천국에서 보낸 9일

저자 매리에타 데이비스
저자 유재덕

초판 1쇄 발행 2011. 10. 20.
개정증보판 1쇄 발행 2023. 3. 7.

발행처 도서출판 브니엘
발행인 권혁선

책임편집 김지연
책임교정 조은경

등록번호 서울 제2006-50호
등록일자 2006. 9. 11.

서울특별시 송파구 백제고분로28길 25 B101호 (05590)
마케팅부 02)421-3436
편집부 02)421-3487
팩시밀리 02)421-3438

ISBN 979-11-90308-95-3 03230

독자의견 02)421-3487
이메일 editorkhs@empal.com

북카페 주소 cafe.naver.com/penielpub.cafe
인스타그램 @peniel_books

도서출판 브니엘은 독자들의 원고를 설레는 마음으로 기다리고 있습니다.
위의 이메일로 간단한 기획 내용 및 원고, 연락처 등을 보내주십시오.

도서출판 브니엘은 갓구운 빵처럼 항상 신선한 책만을 고집합니다.

어느 여인의 9일간의 천국 체험기

천국에서 보낸 9일

매리에타 데이비스 지음 | 유재덕 옮김

브니엘

옮긴이 머리말

이 책은 매리에타 데이비스가 자신의 특별한 경험을 글로 엮은 것이다. 매리에타 데이비스는 1823년 뉴욕주 버린에서 태어나 홀로된 어머니와 두 자매와 함께 생활했다. 19세기 미국 동부지역을 휩쓸었던 부흥운동은 마침내 그녀가 살던 곳까지 밀어닥쳤다. 매리에타의 가족 역시 이 운동에 적잖게 영향을 받았지만 매리에타는 예외였다. 그녀는 다른 사람들처럼 신앙적인 문제로 고민하긴 했지만 종교적인 사람은 아니라서 큰 관심을 두지는 않았다.

25세가 되던 해에 그녀는 인생의 전환점이자 이후 그리스도인들에게는 소망이 된 아주 특별한 경험을 하게 되었다. 매리에타는 마을에서 부흥집회가 열리고 7개월 뒤 갑자기 혼수상태에 빠져 9일 동안 깨어나지 못했다. 의사와 가족들이 도우려고 노력했지만 별다른 소용이 없었다.

얼마 후 그녀는 의식을 되찾았다. 몸에는 전혀 이상이 없었고, 거의 초인적인 기억력으로 천사들이 자신을 천국과 지옥으로 어떻게 안내했는지를 소개했다. 그녀는 거기서 목격한 것들을 그림처럼 생생하게 묘사했다.

나중에 그녀의 이야기가 책으로 출판되자 당시 사람들은 상당한 충격을 받았고, 독자들의 반응은 폭발적이었다. 덕분에 그녀에 관한 소식은 순식간에 미국 전역으로 퍼져나갔다. 그로부터 1백 년 이상이 훌쩍 지났지만 매리에타의 책은 사람들로부터 여전히 사랑을 받으면서 계속 출판되고 있다.

상당한 세월에도 매리에타의 글이 사랑받는 이유를 몇 가지만 꼽자면 다음과 같다.

먼저, 매리에타가 글을 전개하는 방식이다. 그녀는 죽음 너머의 세계를 탁월하게 묘사한다. 개인의 주관적인 경험을 언어로 표현하는 것은 결코 쉬운 일이 아니다. 예상하지 못했던 충격적인 경험일 경우에는 더더욱 그렇다. 그런데도 저자는 자신의 경험을 과장하거나 일방적으로 주장하지 않으면서 차분하게 들려주고 있다. 이것이 바로 이 책의 미덕이라 할 수 있다.

그리고 사후 세계에 대한 나름의 직접적인 경험을 소개하고 있지만 소설처럼 자연스럽게 읽히는 것 역시 이 책이 지닌 장점이다. 매리에타는 죽음 이후의 세계인 천국과 지옥, 그리고 그곳에 거주하는 다양한 인물과 존재들의 삶과 생각을 거침없이 소개한다. 저자는 기회가 있을 때마다 자신의 언어적 한계를 토로하지만 독자의 입장에서 볼 때는 흥미진진하게 읽혀질 정도로 글의 구성이 뛰어나다. 그런 측면에서 볼 때 「천국에서 보낸 9일」은 내세를 다룬 다른 어떤 책들에 비해 글이 주는 재미와 함께 상당한 설득력까지 갖추고 있다고 할 수 있다.

아울러 매리에타는 자신이 본 환상이 성경의 메시지와 기본적으로 연계되어 있음을 충분히 제시한다. 비록 일부이기는 하지만 과거에 죽음 이후의 사건들에 관해서 성경과 무관하거나 성경의 메시지보다 우위에 있는 입장에서 서술하는 경우들이 가끔 있었다. 따라서 그런 글들은 의도와는 달리 기독교 신앙을 왜곡하거나 훼손할 때가 많았다. 매리에타가 경험한 죽음 너머의 세계에서 벌어지는 일들은 너무도 당연한 일이지만 성경의 메시지에 기초를 두고 있다. 덕분에 우리가 알 수 없는 미래, 혹은 죽음 이후의 사건들 역시 성경의 메시지를 벗어나지 않는다는 평범한 교훈을 다시 한번 떠올리게 된다.

매리에타는 자신이 환상을 본 것은 특별한 이유가 있었기 때문이라고 했다. 모든 이에게 생전에 믿음을 갖고 내세를 준비하도록 메시지를 전하는 것이 그녀에게 맡겨진 임무였다. 19세기 중반에 시작된 매리에타의 임무는 그녀가 환상을 목격하고 7개월 뒤에 세상을 떠나는 바람에 성공을 거두지 못한 것처럼 보였다. 하지만 가족과 주변 사람들, 그리고 당시 직접 만나지 못한 사람들까지도 그녀의 글을 통해서 상당한 자극과 도전을 받았고, 그 영향력은 지금도 여전하다.

시대적, 문화적 한계에도 매리에타가 우리에게 던져주는 교훈은 아주 단순하고 확실하다. 누구나 죽음을 맞이하지만 그것으로 끝이 아니고, 그 이후에 기다리는 또 다른 삶을 준비하면서 살아가야 한다는 것이다. 내세보다는 두 발을 딛고 살아가는 이 세계에 더 큰 의미를 부여하는 것이 너무나도 당연하게 간주되는 요즘, 우리가 이 책을 읽어야 하는 것도 바로 그 때문이다.

옮긴이 유재덕

C·O·N·T·E·N·T·S
차 례

옮긴이 머리말   004

1. 평강의 천사를 만나다   013

2. 죽음의 문   019

3. 천국의 환영   027

4. 첫째 교훈과 경고   035

5. 천국에서 자란 소년   041

6. 경이로운 천국의 풍경들   045

7. 지옥으로   049

8. 잃어버린 자의 절망   054

9. 배교자들   067

10. 다시 빛의 세계로   083

11. 천상의 멜로디   088

12. 잃어버린 자에 관한 교훈   096

13. 베들레헴 이야기   103

14. 논쟁하는 정의와 자비   107

15. 배반자 유다   115

16. 마침내 몸값을 치르다   128

17. 악의 이름, 아볼루온   136

18. 빌라도 부인의 꿈   145

19. 십자가의 길   149

20. 은돈 서른 개   157

21. 고통의 갈보리   163

22. 죽음이 패하다   169

23. 그가 부활하다   180

24. 잃어버린 자가 받은 구원   189

25. 사명을 띤 귀환   195

26. 매리에타에 대한 증언들   199

특별수록 1. 구원의 과거, 현재, 미래   211

특별수록 2. 예수 그리스도의 부활의 증거들   231

"

스물다섯 살 그녀가
체험한 천국은 우리가 소망하던
바로 그 천국이었다.
자, 이제 그녀의 시선을 좇아
천국을 직접 경험해보자.

"

1.
평강의 천사를 만나다

"이게 어찌 된 일이지?"

발밑으로 전혀 깊이를 가늠할 수 없는 광경이 맴돌자 정신이 아득해졌다.

"꿈을 꾸고 있는 걸까? 내가 지금 죽은 걸까, 아니면 살아 있는 걸까?"

정체를 알 수 없는 물체들이 주위를 떠돌자 온갖 생각이 정신 없이 떠올랐다. 제대로 보려고 눈을 깜박여보아도 터무니없는 꿈 만 같았다. 정신을 차릴 수 있는 기준으로 삼을 만한 것이 하나도 없었다.

"도와주세요! 아무도 없나요?"

주변으로 한없이 펼쳐진 공간을 바라보는 순간, 절망감으로 가슴 밑바닥에서 울음이 터져 나왔다. 가족들이 있는 집으로 돌아가려고 애를 써보았지만 허사였다.

그때 멀리서 밝은 빛이 나타났다. 거대한 별처럼 한 줄기 빛이 어둠을 배경으로 서서히 내려왔다. 아주 밝은 불빛이 온몸을 감쌌다.

조심스럽게 다가서자 전에는 한 번도 본 적이 없는 아름다운 존재 속으로 빛이 사라졌다. 그가 머리에 쓴 왕관은 빛나는 보석으로 장식되어 있었다. 왼손에는 소박한 십자가가 들려 있었고, 오른손은 빛을 검처럼 들고 있었으며, 앞으로 다가가자 거기서 나온 빛이 나를 비추었다.

순식간에 전혀 생소한 감각들이 나의 내부를 가득 채웠다. 두려움과 불안은 단숨에 사라지고 그 존재와 함께 있고 싶은 마음이 간절해졌다. 그런데도 두렵고 떨려서 제자리에 얼어붙은 채 그저 바라만 볼 뿐이었다. 이상하게 그 존재에게 온통 정신이 팔렸다. 넋을 놓고 바라보자 빛나는 존재가 입을 열었다.

"매리에타! 나의 정체를 알고 싶어하는구나!"

아름다운 존재가 웃음을 지어 보였다.

"나는 평강의 천사란다. 인간들이 이 세상을 떠날 때 어떤 일이 일어나는지 보여주려고 찾아왔지. 이 문제의 대답이 궁금하다면 함께 가자꾸나."

가슴이 두방망이질 쳤다. 어쩌다 이렇게 되었을까? 어떻게 이렇게 이상한 곳에 오게 된 것일까?

* * * * *

이 일이 있기 훨씬 전부터 나는 삶이라는 간단하지 않은 문제와 씨름하고 있었다. 마음속으로 이리저리 생각하다가 몇 가지는 분명해졌고, 그래서 어느 정도 간단한 결론에 도달할 수 있었다. '돈이나 물질을 좇으면 행복할 수 없다. 관계는 실망을 낳는다(누구도 완벽할 수 없다). 그리고 종교의 전통이라는 것은 대부분 신뢰할 수 없다' 라는 식이었다.

주변을 살펴보면 많은 이가 불행했고, 평강을 갈망하는 것이 쉽게 눈에 들어왔다. 오랫동안 생각하고 끝까지 질문하면서 인간의 영혼이 그렇게 행동하는 이유를 파악하려고 애썼다. 이런 일들을 생각하면 할수록 나 혼자 해답을 찾는 게 불가능하다는 것을 알게 되었다. 대답을 간절히 추구하면서도 무엇보다 궁금한 질문은 따로 있었다.

"우리가 죽을 때 무슨 일이 일어날까?"

하지만 만족스러운 대답은 찾을 수 없었다. 그런데 이렇게 이상한 날에 나는 이곳, 혼란의 한 가운데서 그것을 알게 되었다.

그 일은 모두 서서히, 점진적으로 시작되었다. 주변의 모든 사물에 대한 의식이 점차 흐려졌다. 나의 속사람은 더 강해지고, 무엇 때문인지 의식은 더 뚜렷해졌다. 방안의 모든 것 — 벽, 천장, 그리고 가구 등 — 이 어두워지다가 마침내 완전히 사라졌다. 그러고 나서 특별한 경험을 통해 이 놀라운 새로운 세계에 도착했다.

내가 다시 현실로 돌아오자 많은 사람이 무슨 일이 있었는지 물었다. 나는 그들에게 설명하려고 노력했다. 내가 이 모든 것을 목격한 이유가 그 때문이었지만 그것은 그리 간단하지 않았다. 지상에서는 지상 너머의 일들을 제대로 설명할 방법이 없다. 인간의 언어는 하늘나라에 있는 아름답고 완전한 것들을 훼손할 수도 있기 때문이다.

하지만 내가 맡은 임무를 포기할 수는 없으니 직접 목격한 것들을 설명하려고 노력해보겠다. 유일한 바람은 이 책을 읽는 독자들이 내가 구사하는 터무니없이 부족한 언어의 너머를 바라보면서 내가 두 눈으로 본 것들의 진정한 능력, 생생한 아름다움과 거룩한 영광을 확인하려고 노력했으면 하는 것이다.

＊　＊　＊　＊　＊

"같이 가자."

천사가 말했다.

"하지만 그에 앞서 뒤편의 네 모습을 한번 바라보아라."

어둡고 흐릿한 공간 아래를 내려다보니 미동도 하지 않는 나의 몸이 나타났다. 걱정하는 친구들이 주변에 모여서 정신없이 몸을 흔들며 나를 깨우려 했지만 소용이 없었다.

"이것이 사람의 인생이란다."

안내하는 천사가 말했다.

"가족들을 보아라. 너를 사랑해서 슬퍼하고 있지 않니? 인간은 누구나 괴로움을 겪고 고통스러워하다가 결국에는 죽음에 이르게 되지. 하지만 이후에 벌어지는 일의 참모습은 알 수가 없단다."

계속해서 천사가 말했다.

"세상에는 무수히 많은 사람이 살고 있단다. 저들은 희망과 갈망과 문제를 안고 살아가지. 그러다가 마침내는 죽음을 맞이하게 된단다. 모두가 죽음을 두려워하지. 죽음은 무자비한 파괴자이고 생명을 앗아간단다. 세대는 바뀌고, 어느 사이에 다른 사람들이 그들을 대신하게 되지."

나는 머뭇거리면서 물었다.

"저는 어리고 아는 게 많지 않지만 이런 문제들을 놓고 오랫동안 생각해왔어요. 언젠가는 모든 사람이 다 죽겠지요. 그러면 무슨 일이 일어날까요? 어디로 가게 되는 건가요? 저를 거기로 데려다줄 수 있나요? 세상을 떠난 사랑하는 사람들과 함께 지낼 수 있는 건가요?"

나는 천사의 대답을 기다렸다. 알고 싶은 마음이 간절했다. 아주 오랫동안 이런 질문에 시달려왔다. 해결하지 못한 질문들을 마음 한쪽 깊숙한 곳에 묻어두었다. 어차피 대답은 쉽지 않았다. 그런데 정말 기대한 적이 없는 이 평강의 천사가 다른 세계에서 찾아와 나와 마주하고 있었다. 나는 놀라운 깨달음의 순간을 맞이하고 있었다. 나를 괴롭히던 문제가 마침내 해결될 것 같았다.

2.
죽음의 문

천사가 입을 열었다.

"매리에타, 너는 네가 궁금해하던 문제에 대해 배울 특별한 기회를 얻게 되었단다. 먼저, 이렇게 설명해보자. 사람이 죽으면 영원히 지내게 될 곳으로 가게 된단다. 하지만 어떤 이들은 다른 사람들과 전혀 다른 운명을 맞기도 하지."

설명하던 천사가 위를 올려다보았다.

"저기를 보렴. 무엇이 보이지?"

위를 바라보자 아주 밝게 빛나는 하늘나라가 보였다. 태양보다 훨씬 밝았다. 거기서 쏟아져 나오는 눈 부신 빛이 하늘을 가로질렀다. 나는 넋을 놓고 그것을 정신없이 바라보았다.

"저곳에는 네가 만나고 싶어 하는 많은 사람이 있단다."

안내하는 천사가 말했다.

"저곳에 사는 사람들은 부드러운 하얀 옷을 입고 즐거움만 누리며 산단다. 어둠과 슬픔, 죽음과 죄, 그리고 고통은 전혀 없지."

천사가 잠시 말을 끊었다.

"그렇지만 저곳을 보기에 앞서 그리 내키지 않는 곳을 소개해야겠다."

천사가 말했다.

"매리에타, 너도 잘 알고 있듯이 지상에 사는 사람들은 저마다 다른 가치기준을 지니고 있단다. 육체는 죽어도 영혼은 계속 살아 있고, 가치관도 변하지 않는단다. 악한 사람은 계속 악하고, 선한 사람은 계속 선한 상태를 유지하지."

그러면서 천사는 내 이마를 만졌다.

"지금 무엇이 보이지?"

그러자 내 앞으로 새로운 장면이 펼쳐졌다. 너무도 생생했다. 온갖 종류의 수많은 사람이 죽음의 고통을 겪고 있었다. 일부는 멋진 궁전에 줄지어 늘어선 화려한 침상에 누웠지만, 일부는 암흑의 방에 갇혀 있었다. 일부는 숲에 따로 떨어져 있었고, 일부는 황량한 광야나 풍랑이 심한 바다에 있었다. 일부는 뜨거운 태양을 그대로 쬐고 있었고, 나머지는 차가운 눈 덮인 산에서 죽음을 맞이하고 있었다. 일부는 눈물짓는 친구들에 둘러싸여 있었고, 일부는 홀로 죽어가고 있었다. 일부는 살해당하고, 또 일부는 전장에서 죽었다.

이곳은 시간이 영원과 만나는 곳이고, 말로 다할 수 없는 고통의 장소였다.

"이것이 바로 죽음이란다."

천사가 말했다.

"하나님의 법을 어긴 결과라고 할 수 있지. 하지만 여기서 보는 것은 극히 일부에 지나지 않는단다."

천사가 빛의 검으로 나를 건드렸다. 그러자 죽어가는 이들의 본래 모습이 눈에 보였다. 그들의 영혼을 볼 수 있었다. 나는 흥분 속에서 지켜보았다. 그들의 영혼이 몸을 떠나 영원한 곳으로 들어갔다. 새롭고 낯선 경험을 하고 있었다.

그런데 정신을 차려보니 서로 다른 영혼들이 사라져가는 형태로 모여들었다. 그들은 새로운 곳으로 들어가는 순간, 지상의 영혼들을 만나려고 그곳에 있었다. 온갖 종류의 사람들이 모였다. 일부는 사악한 영혼들을, 또 일부는 하나님이 보낸 밝고 거룩한 천사들을 만났다. 이 죽음의 문은 세상과 영원 사이에 있는 중간

지대였다.

사람들은 몸을 떠날 때 비슷한 수준의 영혼들에게 이끌렸다. 악하고 거룩하지 못한 영혼들은 비슷한 생각을 하는 영혼들과 합류해서 어두운 구름에 가려진 곳으로 떠났고, 착하고 선한 사람들은 거룩한 천사들의 호위를 받으며 거룩한 영광을 향해 갔다.

나는 넋을 잃은 채 이 모든 영혼이 처음으로 생소한 경험을 하면서 함께 어울리는 것을 지켜보았다. 그 모두가 꿈만 같았다. 내 생각을 읽은 천사가 손을 잡았다.

"이 사람들은 막 자신의 몸을 떠났고, 이제 새로운 존재가 될 것이다. 물질적인 존재에서 영적인 존재로 변화하는 것은 아주 새롭고 생소한 경험이지. 하지만 너는 이 모든 것을 나중에 알게 될 것이다. 이제 우리는 이곳을 떠나서 이미 목격한 빛나는 하늘나라로 가야 한단다."

천사가 내 팔을 잡는 순간 빛나는 구름 쪽으로 빠르게 이동했다. 이 중간지대를 벗어나자 천사는 다시 멈춰 서서 내 눈을 어루만졌다. 전혀 낯선 장면이 펼쳐지자 나는 놀라서 바라보았다.

"보아라!"

천사가 말했다.

"모든 별과 굴러가는 하늘의 태양과 태양계를 보아라. 그것들이 어떻게 소리 하나 없이 움직이면서 완벽한 조화를 이루는지 지켜보렴. 그것은 가늠할 수 없는 지혜로 만든 거대한 우주의 공간이란다. 행복하고 거룩한 사람들이 이곳, 믿음의 성숙 수준과 영성에 따라 각기 다른 곳에서 살아가지. 이 사람들은 두 번 다시 죽음을 경험하지 않는단다."

다시 한번 천사가 나의 눈을 만지자 곧장 아주 밝은 영혼들이 가늠할 수 없는 속도로 우리 위와 주변, 그리고 멀리 떨어져서 지나갔다.

"이들은 섬김의 천사들이란다."

그들이 지나치는 순간 안내자가 말했다.

"이들은 누구보다도 자비의 여행을 좋아한단다. 저들은 세상 사람들의 보호자이자 사자들이지."

그들이 오가는 것을 지켜보니 가까이 지나가던 한 천사는 아기의 영혼을 품에 안고 있었다. 아기는 아주 안전하게 보호자의 품에 안긴 채 보호받고 있다는 것을 잘 알고 있는 게 분명했다. 그 천사가 우리를 주목하자 아기를 어디에서 데려오는지 물었다.

"어머니에게서 데려오는 길이란다."

천사가 대답했다.

"어머니는 슬픔에 잠겨 있지만, 평강의 낙원에 있는 아기들의 천국으로 데려가는 중이지."

천사가 지나가자 우리는 아무 말 없이 같은 방향으로 움직였다. 세상의 모습은 기억나지 않고 우리가 다가가는 하늘나라의 밝은 빛에 이끌렸다.

우리는 열매가 달린 나무들이 가득 들어선 들판에 도착했다. 우리가 나무 그늘을 지나자 새소리가 들려왔다. 아름다운 새소리에 마음이 가벼워졌다. 한 번도 들어본 적이 없는 아름다운 소리였다. 어떤 별에 도착한 것 같아서 천사에게 이름을 물었다.

"이곳은 영혼을 위한 낙원의 외곽지역이란다."

천사가 대답했다.

"이 나무와 꽃과 새는 너무 순수하고 정결해서 사람들 눈에는 절대로 보이지 않아. 그들은 이것들을 전혀 볼 수 없단다. 귀도 둔해서 아무 소리도 듣지 못해. 그들은 이렇게 순수하고 완벽한 것들이 존재한다는 사실을 믿지 못하지. 네가 보고 들을 수 있는 것은 몸을 떠나서 이제는 영적 감각으로 그것들을 경험할 수 있기 때문이란다."

"기억해야 한다."

천사가 말을 이었다.

"이곳은 영혼들을 위한 고향의 외곽지역에 불과하단다. 거룩해진 영혼들의 고향에 비하면 별로 대단한 곳도 아니야. 속죄를 받은 이들이 세상을 떠나면 처음에 이곳으로 도착하지. 여기서 호위하는 보호자들이 영원한 삶의 기초를 가르친단다. 죄에 물들지 않은 하늘의 순수한 사랑을 배우는 곳이지. 그들은 여기서 오래된 친구들을 만난단다. 먼저 와서 영적으로 더 높은 수준의 임무를 수행하고 있는 사람들이야. 가족을 처음으로 만나서 대화를 나눌 수도 있단다. 이곳은 구속의 은총을 찬양하는 노래를 처음으로 익히는 장소이기도 해. 여기서 휴식을 취하고 상쾌한 공기를 즐긴단다."

전혀 생소했지만 진심으로 빠져들었다. 오래전에 사별한 친구들을 만나고 싶은 마음이 간절했다.

천사가 말했다.

"너는 이곳에서 오래 머물 수 없어. 너는 사람들이 죽고 난 뒤에 어떤 일이 일어나는지 배워야 한단다. 지상생활을 모두 마무리하고 나서 다시 돌아와 가족과 함께 지낼 수 있지. 그러면 영원한 삶을 시작하고 놀라운 일들을 준비하는 방법을 배우게 될 거란다."

천사는 내가 향기를 맡을 수 있도록 장미 한 송이를 끌어당겨서 입술에 가져다 댔다. 내 눈이 활짝 열리고 행복한 사람들이 꽃이 만발한 곳을 어디든지 오가는 것이 보였다. 나는 정말 그들과 함께 있고 싶었지만 안내자가 움직이자 그때마다 더 맑고 더 아름다운 숲이 나타났다.

　우리가 일어서자 궁금한 것들이 꼬리에 꼬리를 물었다. 나는 우리가 떠나고 있는 곳의 아름다움에 압도되었지만 천사는 영혼을 위한 고향의 외곽지역에 불과하다고 말했다. 어떻게 이보다 더 아름다울 수 있을까? 그때 처음으로 목격했던 것이 떠올랐다. 다른 영혼들이 갔던 암흑의 구름은 어떨까? 암흑의 구름 뒤에는 무엇이 있을까? 감당하기 쉽지 않고 예상할 수 없었지만 실제로 존재했다. 불안과 매력과 기대가 뒤섞여서 정신이 없었다.

3.
천국의 환영

우리는 멀리 밝게 빛나는 돔 모양의 건축물이 보일 때까지 계속 움직였다.

"저곳이 바로 평강의 성으로 들어가는 입구란다."

안내자가 말했다.

"우리는 이제 그곳을 통과해서…."

천사가 잠시 말을 멈췄다.

"구속자를 만나게 될 거란다."

천사가 말을 이었다.

"그곳은 아름다운 곳이지. 하나님과 천사들이 거룩한 사람들과 함께 살고 있단다. 그들은 황금으로 만든 하프와 수금과 현악기들을 즐겨 연주하면서 구속의 노래를 끊임없이 부르지. 이들이 부르는 것은 평강의 노래이고 절대 끝나지 않을 사랑의 노래란다."

평강의 성에 가까이 다가가자 한 무리의 천사들이 있었다. 이들은 성문 주변에 모여 있던 천사들보다 훨씬 더 영광스러웠다. 우리가 다가서자 그들의 우두머리가 알아들을 수 없는 언어로 안내자와 대화를 나누었다.

문은 벽옥과 다이아몬드로 장식되어 있었다. 문이 열리자 천사 둘이 내게 다가왔다. 두려움으로 떨렸지만 그들은 내 손을 잡고서 빛의 건축물로 곧장 연결된 다른 문으로 안내했다. 나는 입이 얼어붙었다. 이렇게 완전하고 아름답고 거룩한 광경은 달리 설명할 방법이 없었다.

문에 들어서려고 하자 갑자기 내적인 죄와 왜곡된 본성이 나를 억압했다. 내 마음은 과거의 죄와 의심에 대한 기억으로 요동쳤다. 나는 주변의 순수한 모든 것을 감당할 수 없어서 바닥에 쓰러졌다. 따르던 천사들이 부드럽게 나를 일으켜서 정교한 통로 쪽으로 인도했다. 그들은 내가 감히 상상할 수 없는, 더할 수 없이 영광스러운 존재의 발 앞으로 데려갔다. 머리에는 거룩한 빛의 왕관을 썼고, 눈처럼 하얀 머리카락이 어깨로 흘러내렸다. 그의 영광은 어떤 말로도 설명할 길이 없었다.

나를 돕는 천사가 조용히 말을 건넸다.

"매리에타, 이분이 바로 너를 구속하셨단다. 하나님이시다. 하지만 그분은 영광을 포기한 채 인간이 되어 세상으로 떠나셨고, 네 죄를 위해서 고난을 받으셨지. 너를 위해서 예루살렘 성문 밖에서 죽임을 당하셨단다. 그분은 오래전에 예언된 대로 홀로 죽으셨단다."

나는 완전히 압도되었다. 주님의 선함, 자비함, 사랑이 나를 휘감았다. 무릎을 꿇으면서 '그를 예배할 수 있는 자격이 내게 조금이라도 있었으면' 하고 바랐다.

그가 손을 뻗어 나를 일으켜 세웠다.

"나의 자녀야, 어서 오라."

그의 음성이 나의 가슴 깊숙이 파고들자 형언할 수 없는 기쁨이 가득했다.

"잠시 구속자의 집으로 가자."

그가 말했다. 그러고는 주변을 둘러보면서 덧붙였다.

"저를 환영하라."

즉시 전체가 함께 모여서 애정이 담긴 겸손함으로 나를 하나님의 은총의 상속자가 되는 듯이 맞아주었다. 그러고는 악기를 들고 더할 수 없이 아름다운 찬양을 연주했다. 음악은 물이 흐르는 것처럼 들렸고, 둥근 천장을 가득 채웠다. 파도가 나를 먼 곳으로 데려가듯이 소리가 서서히 줄어들면서 연주는 끝났다.

그 순간 어느 영혼이 무리 사이에서 나오며 갑자기 내 이름을 불렀다.

"매리에타!"

내가 지상에서 진정으로 사랑했던 사람과 포옹하자 더할 수 없는 감동이 밀려왔다.

"잘 왔어!"

그녀가 소리쳤다.

"평강의 집에 잘 왔어요!"

"잘 왔어요, 정말 잘 왔어요!"

수많은 이의 음성이 음악처럼 메아리쳤다. 모두가 나를 둘러쌌고, 지상에서 알고 사랑하던 이들이 나를 뜨겁게 맞이했다.

우리는 크고 아름다운 방에서 오랫동안 친하게 지낸 친구들처럼 함께 어울렸다. 나는 그들 모두를 알아보았지만 지상에서 그들을 기억하던 방식과는 사뭇 달랐다. 그들을 정확하게 설명하는 것은 불가능하다. 모두가 마음으로 통하고, 빛을 발하고, 모두 영광스럽고, 모두 경배하고, 모두 지극히 순수한 사랑을 하고, 모두 평온하고, 그리고 아주 고요한 것처럼 보였다는 말밖에 할 수 없다.

이 모든 특징이 경외심을 자아내는 하늘나라의 방식으로 함께 결합되었다.

그들은 서로 자유롭게 대화했지만 인간의 언어와는 달랐다. 소리 내지 않고 생각과 생각, 영과 영으로 소통했다. 존재끼리 생각이 막힘없이 흘렀다. 그래서 나는 그때 천국에서는 어떤 것도 감출 수 없다는 것을 깨달았다. 모든 것이 조화를 이루었다. 소리, 갈망, 대화, 경배의 찬양이 그랬다. 조화는 그들의 삶, 그들의 사랑, 그들의 모습, 그리고 더할 수 없는 즐거움이었다.

그런데 그들이 다른 노래를 불렀다. 창조주의 이름에 대한 활기찬 구속의 찬양이었다. 안내자가 함께 부르도록 권했지만 불가능했다. 나는 오랫동안 갈망하던 행복한 본향을 생각하고 그 영광을 누리느라 달리 행동할 겨를이 없었다. 그들은 찬양을 모두 마치고 내게 입을 맞추고 한 번 더 만져보려고 애썼다. 그들은 나를 새로 도착한 영혼처럼 맞아주었고, 자신들의 일인 것처럼 구속자가 되시는 주님께 감사했다. 놀라운 일이었다.

"이곳이 바로 천국이라니!"

탄성이 흘러나왔다.

"그런데 여기 있는 모든 행복한 사람은 정말 내가 알고 있는 이들이 맞을까? 저들은 이전에 늙은 몸 때문에 몹시 고통스러워했었는데. 얼굴은 또 어떻고! 저들의 얼굴이 말할 수 없이 빛나는 것은 이곳의 영광 때문일 거야. 전에는 걱정이 많았는데…. 그런데 늙어서 망가진 이전의 모습은 도대체 어디로 간 걸까?"

지상의 교회에서 자주 들었던 내용이 떠올랐다. 목사님은 영광스러운 영원한 생명을 설명하려고 노력했다. 가끔 사람들이 제대로 알아듣지 못할 때마다 그는 가슴 아파했다.

그럴 때마다 나는 이렇게 묻곤 했다.

"하늘나라가 정말 그렇게 영광스러운 곳인가요? 과장이 아닌가요?"

목사님의 설교에 동의하기 어려운 것도 있었다.

"사람들이 천국에 가면 정말 햇살로 목욕하게 될까요?"

그 밖의 것들은 확신할 수 있었다. 사람들이 영광스러운 곳의 실체와 기쁨을 전혀 인정하지 않는 것도 그랬다.

생각에 잠겨 있는데 한 사내가 다가왔다. 지상에서부터 알고 지내던 사람이었다. 나이가 많이 들어서 수척했던 그는 일평생 구속자를 성실하게 따랐지만 시련을 많이 겪었다. 하얗게 변한 머리카락이 슬픔과 고통의 삶을 웅변했다. 그런데 그는 과거의 그와는 전혀 달랐다. 그의 영혼은 당당하고 확신에 차 있었다. 젊음을 회복한 모습이었다. 의지하던 지팡이, 떨리던 깡마른 몸매, 슬픔에 패인 볼, 휑한 눈, 병에 시달리던 몸은 온데간데없었다. 대신에 밝고 건강하고 활기가 넘쳤다.

"나를 보아라."

그가 말했다.

"구속의 은총 덕분이란다. 과거에 내 마음은 거룩하지 않은 생각뿐이었지. 이 손으로 나쁜 짓을 일삼았고, 발로는 슬픔과 죽음으로 끝나는 내리막길을 달려갔었지. 내 육신은 슬픔에 지치고, 죄에 물들고, 그러다가 병에 걸려서 생명이 끊어졌어. 지금의 몸이 아니라 내가 두고 온 과거의 육신 말이다. 하지만 지금은 임마누엘의 주님 덕분에 구속을 받고 이 놀라운 빛의 옷을 입고 영원히 변하지 않는 젊음을 유지하고 있단다. 이제 나는 이렇게 노래한단다."

사망아 너의 승리가 어디 있느냐.

사망아 네가 쏘는 것이 어디 있느냐(고전 15:55).

우리를 구속하러 몸을 바친 어린 양을 찬양하라.

그는 찬양을 받기에 합당하다.

셀 수 없이 많은 이여

수없이 많은 이여 그를 경배하라.

모든 이여 그를 예배하고 높여라.

온 우주여 그를 경배하라. 그를 경배하라.

그는 우주의 찬양을 받기에 합당하다.

한 무리의 어린아이들이 앞으로 달려왔다. 손을 잡고 춤을 추
며 노래했다.

그는 지상에 있을 때 말씀했어요.

어린아이들을 용납하고

내게 오는 것을 금하지 말라.

천국이 이런 사람의 것이니라(마 19:14).

4.
첫째 교훈과 경고

그의 노래가 끝났다.

그런 다음 둥근 천장을 올려다보니 더 많은 영혼이 다가오고 있었다. 그들은 그때까지 만난 다른 어떤 영혼들보다도 영광스러웠다. 그들의 광채가 나를 압도했다. 돌아서서 급히 안내자에게로 다가서자 그가 말했다.

"매리에타, 네가 지금 보는 것은 앞으로 있을 행복을 미리 맛보는 것에 불과하단다. 너는 이곳에서 환영을 받고 구속자를 만났다. 하지만 위를 바라보아라."

천사의 말에 힘이 실렸다.

"영광스러운 십자가가 내려오고 있지? 십자가를 운반하는 이들은 고귀한 삶을 살았던 구속받은 영혼들이란다."

나는 눈을 들어 내 위에 있는 십자가를 바라보았다. 그 십자가
는 열두 명의 사람이 운반하고 있었다. 십자가에는 글이 쓰여 있
었다. '장로, 예언자, 사도.' 그리고 그 위에는 '나사렛 예수, 유대
인의 왕'이라는 글이었다.

십자가 밑에서 경배하던 영혼은 흰옷을 입고 있었다. 그녀의
얼굴은 더할 수 없이 거룩한 사랑으로 환하게 타올랐다. 그녀는
십자가에 입을 맞추고 나서 나에게로 내려왔다.

"슬픈 세상에서 이곳을 찾아온 당신을 환영합니다. 당신은 이
제부터 내가 하는 말을 잘 들어야 합니다. 이것은 구속자 되시는
주님이 당신에게 전하라는 말씀입니다. 당신이 잠시 이곳을 다녀
갈 수 있도록 허락하신 게 바로 그분입니다. 사명을 마치려면 당
신은 지상의 친구들에게로 다시 돌아가야 합니다. 하지만 슬퍼해
서는 안 됩니다."

내 생각을 알아차린 그녀가 나를 바라보면서 말했다.

갑자기 죄와 고통으로 가득 찬 옛 삶으로 되돌아가야 한다는
말을 듣자 마음이 몹시 흔들렸다. 거룩한 곳을 떠나서 지상으로
곤두박질치는 기분이었다. 내 표정이 어두워지자 안내를 맡은 천
사가 나를 안으며 말했다.

"매리에타, 어쩔 수 없는 일이란다. 돌아갈 때는 하나님의 거룩한 사랑의 메시지를 가져가야 한단다. 그러면 나중에 때가 되어서 육신으로부터 풀려날 때 이 거룩한 곳으로 영원히 돌아오게 될 거야."

십자가 쪽에서 다가온 영혼이 말을 계속 이었다.

"매리에타, 당신이 이곳에 온 것은 특별한 목적이 있기 때문입니다. 저는 하늘과 땅에 관한 여러 가지 일을 소개하러 찾아왔습니다. 돌아가야 한다고 생각하니 슬프다는 것을 알고 있습니다. 하지만 경험한 것과 진리를 갖고 돌아가서 다른 사람들을 가르쳐야 합니다."

그녀는 덧붙였다.

"당신이 제일 먼저 알아야 할 것은 하늘나라는 모두 십자가를 경배한다는 것입니다. 무수한 이가 그것을 경배합니다. 구속받은 이들은 십자가를 사랑해서 떠나지 않습니다. 지상에서의 예배는 이곳에서의 예배와 달리 너무 메말라 있습니다. 이 영적인 하늘은 지상 바로 위에서 시작됩니다. 돌보는 영혼들이 그 주위를 맴돌고 있습니다. 지상에는 눈으로 볼 수 없는 수많은 수호천사가 그들을 받아들이는 사람들과 함께 살아가고 있습니다. 천사들은 자신에게 배정된 영혼을 한순간도 놓치지 않고 돌보고 있습니다."

4. 첫째 교훈과 경고

그녀는 잠시 말을 끊었다가 계속했다.

"사람들은 죄가 무엇인지 알지 못합니다. 위대한 하나님의 은총을 통해 어떻게 구속받았는지도 모릅니다. 하늘의 빛이 인간에게 도달하지 못하도록 가로막고 있는 것이 적지 않지만 사람들이 이곳의 참모습을 자세히 알 수 있게 될 순간이 다가오고 있습니다. 그러면 그들은 영적인 진리에 더욱 관심을 두게 될 것입니다. 인간의 최종적인 구속이 다가오고 있는 겁니다."

그녀가 말을 이었다.

"아주 조심스럽게 지켜보아야 합니다. 당신의 마음에는 이곳을 가득 채우고 있는 기쁨 가운데 작은 일부가 심겨 있습니다."

그녀의 설명은 계속되었다.

"내가 십자가에 입을 맞추고 내려오는 것을 보았습니까? 우리는 즐겨 그렇게 합니다. 그것이 구속자에 대한 사랑을 표현하는 방식입니다."

그녀가 말을 멈추자 침묵이 흘렀고, 멀리서 부드럽고 아름다운 찬양이 들렸다.

"누가 노래하고 있나요?"

내가 물었다.

"엄청난 고난을 겪은 이들입니다."

그녀가 말했다.

"밤낮으로 구세주의 이름을 찬양하는 노래를 그치는 법이 없습니다. 이곳에서 영원히 살고 싶지 않나요? 저들과 함께 노래하고 싶지 않나요?"

그녀가 물었다.

"그러기 전에 먼저 지상에서 당신이 불신하고 믿음과 헌신이 부족했던 것을 경고하지 않을 수 없습니다. 이곳을 상속하려면 구속자인 그리스도를 통하지 않고서는 달리 방법이 없습니다."

내가 과거에 의심하며 구세주를 확신하지 못했던 사실을 그녀가 지적하자 가슴이 아팠다. 그 지적은 정확한 것이어서 나는 다급하게 묻지 않을 수 없었다.

"저도 희망이 있나요? 하늘나라를 상속할 기회가 사라졌나요? 지상으로 돌아가지 않으면 정말 행복할 것 같아요. 여기서 영원히 살면 얼마나 좋을까요?"

그녀가 말했다.

"당신에게 허락된 빛을 충실하게 뒤따르면 마침내 천국을 누리게 될 겁니다."

그러고는 다른 화제로 넘어갔다.

"매리에타, 이것은 정말 흥미로울 겁니다. 이곳에서는 예언자와 순교한 성도들을 만날 수 있습니다. 저마다 왼손에는 황금향로를, 오른손에는 작은 책을 들고 있지요."

많은 사람이 모인 곳에 진주와 아주 귀한 보석, 그리고 다이아몬드 십자가로 장식된 커다란 삼각형 구조물이 있었다. 그곳에는 복음을 전하다가 박해를 받거나 목숨을 잃은 이들의 이름이 새겨져 있었다. 세 명의 영혼이 삼각형 구조물 위에 서 있었다. 그들이 높게 붙들고 있는 깃발은 끝없이 펼쳐진 채 휘날리고 있었다.

"저들은 특별히 선택받은 영혼들이란다."

안내를 맡은 천사가 말했다.

"한 명은 장로, 한 명은 예언자, 한 명은 사도란다. 이들은 인자가 지상으로 돌아갈 때 함께 할 성도들을 담당하고 있지. 그날에 이 셋은 선택받은 이들을 하늘 이 끝에서 저 끝까지 사방에서 불러 모을 거란다."

내가 영혼들이 지닌 책을 바라보자 안내자는 거기에 창조의 순서, 인간의 구속, 그리고 순종하는 이들을 모으는 원리가 담겨 있다고 설명해주었다.

5.
천국에서 자란 소년

눈앞의 장면이 바뀌자 십자가에 입을 맞춘 영혼이 손짓해서 두 명의 어린아이를 앞으로 불렀다. 둘은 그의 손을 잡고 수줍은 미소를 지었다.

그녀가 돌아보면서 입을 열었다.

"이 아이들은 일찍 세상을 떠났습니다. 아무런 죄가 없어서 낙원에 오게 되었지요."

둘 중 나이가 더 들어 보이는 아이가 나를 바라보았다.

"매리에타, 당신과 함께 얘기할 수 있어서 정말 기뻐요. 당신은 모든 일이 끝나면 우리를 사랑했고, 우리가 세상을 떠날 때 가슴 아파했던 부모님을 만날 수 있을 거예요. 그들을 다시 보게 되면 대신 말씀을 전해주세요. 부모님은 우리 때문에 슬퍼하지만 우리는 자유롭고 정말 행복하다고 말이에요. 이곳이 우리가 알고 있는 유일한 곳이라고 전해주세요. 우리가 처음 정신을 차려보니 이곳이었어요. 우리를 지켜주는 천사가 지상에 데려가지만 천국은 완전히 달라요. 지상은 슬픔, 고통, 죽음뿐이에요. 여기 하늘나라는 서로 사이가 좋고 행복하고 살아 있어요."

소년이 말을 그쳤다. 그러고는 깊은 생각에 잠긴 것처럼 시선을 낮췄다. 슬퍼하는 것처럼 보였지만 사실은 우리를 가깝게 지나가는 어느 천사를 지켜보는 중이었다. 그녀를 바라보는 순간, 나는 눈을 의심할 정도로 압도되었다. 아름다운 옷을 걸치고 더할 수 없이 우아하게 움직이고 있었다. 그녀를 따라나서고 싶었다.

"누구죠?"

내가 물었다.

"정말 눈부시게 아름다워요. 만나보고 싶어요."

십자가에 입을 맞춘 영혼이 말을 받았다.

"아기의 낙원에 속한 천사입니다. 주님이 아기들에 관해서 말씀하신 성경의 내용을 기억하고 있나요? '그들의 천사들이 하늘에서 하늘에 계신 내 아버지의 얼굴을 항상 뵈옵느니라'(마 18:10)는 말씀 말입니다. 저 천사는 아기들의 보호자이고, 지상을 떠날 때 아기들의 영혼을 맞이하고 영의 세계로 들어서게 하는 임무를 맡고 있어요. 보세요. 당신 쪽에서 천사가 서서히 내려오면서 팔을 내밀고 있어요. 매리에타, 무엇이 보이나요?"

"작고 흐릿한 불빛이요."

내가 대답했다.

그러자 천사는 생명을 나누어주는 것처럼 거기에 숨을 불어넣었다. 천사가 세상의 어머니처럼 애정을 가득 담아서 품에 안자 어린 영혼이 안식을 누리는 것 같았다. 천사에게서 몸에 밴 따뜻함이 느껴졌다. 나도 날아가서 아기와 함께 영원히 행복하게 살고 싶다는 생각이 간절했다. 그런데 그 천사는 위쪽으로 솟아오르더니 순식간에 사라져버렸다.

나는 계속해서 전혀 다른 장면을 목격했다. 내 밑에 있는 작은 방에 생기를 잃은 죽은 아기를 옆에 두고 무릎을 꿇은 여인이 보였다. 그 여인은 흐느끼고 있었다. 하염없이 눈물을 흘렸다. 그러다가 울음을 그쳤는데, 얼굴이 백지장 같았다. 두 눈에는 초점이 없었다. 그녀는 온몸을 떨면서 이미 숨을 거둔 아기의 차가운 뺨에 몇 번이고 거듭해서 입을 맞추었다.

검은 복장의 사내가 조용히 방으로 들어와서 울고 있는 아기 어머니에게 다가갔다. 그녀의 손을 잡고 그가 말했다.

"진정하십시오. '주신 이도 여호와시요 거두신 이도 여호와시오니 여호와의 이름이 찬송을 받으실지니이다'(욥 1:21)라는 말씀을 생각하세요. 예수님은 '어린아이들을 용납하고 내게 오는 것을 금하지 말라. 천국이 이런 사람의 것이니라'(마 19:14)고 말씀하셨습니다. '그들의 천사들이 하늘에서 하늘에 계신 내 아버지의 얼굴을 항상 뵈옵느니라'(마 18:10)고 예수님이 하신 말씀을 기억하세요."

장면이 바뀌자 한 여인이 관 옆에 앉았고 그 주변에 사람들이 모여 있는 게 보였다. 그녀가 천장을 응시했다. 얼굴에는 슬픔이 가득했다. 이미 보았던 엄숙한 모습의 사내가 관을 마주한 채 서 있었다. 그가 시편을 읽고 슬퍼하는 사람을 위해 기도했다. 그러고 나서 성경의 내용을 갖고서 아기는 이미 죽었지만 다시 살게 될 것이고, 천사가 아브라함의 따뜻한 품으로 데려갔다고 설명했다.

이 장면이 마침내 서서히 사라지자 나이 많은 소년이 말했다.

"지금 본 게 바로 제 몸이에요. 울고 있던 부인은 어머니고요. 제가 몸을 떠나고 난 뒤에 벌어진 일이에요. 엄숙한 남자는 목사님이에요. 조금 전에 우리 앞에서 잠깐 멈췄다가 지나친 그 천사가 어리고 나약한 아이들을 위해서 마련된 곳으로 저를 데려갔어요. 이런 천사들이 어린 영혼들을 계속해서 돌본답니다."

6.
경이로운 천국의 풍경들

우리 위쪽에서 소리가 들려왔다.

"이곳으로 올라오너라."

전차를 닮은 구름을 타고서 탑의 내부를 닮은 둥근 형태의 지역 안으로 올라갔다. 나선형 벽이 위쪽으로 구불구불하게 계속 이어지면서 무지개처럼 오색찬란한 빛이 같은 형태로 둥글게 계속되면서 올라갔다. 저마다 형언할 수 없이 아름다운 색깔을 갖고 있었다.

꼭대기에 오르자 평강과 즐거운 감정이 안에서 복받쳐 올랐다. 중앙에 자리 잡은 성전의 우뚝 솟은 둥근 지붕 너머로 거대한 공중 들판이 계속해서 뻗어 있었다. 여기서 바라보니 사방으로 뻗은 거대한 도시가 한눈에 들어왔다. 너무 아름다워서 숨을 쉴 수가 없었다.

내 밑에는 아기들을 교육하는 성전이 있었다. 가장 귀한 재료로 건축된 아름다운 건물이 부드럽고 싱싱한 원형의 파란 잔디밭 중앙에 솟아 있었다. 일정한 간격을 유지하며 줄지어 늘어선 멋진 나무마다 향기를 풍기는 꽃들이 흐드러지게 달려 있었다. 나무들 아래로 펼쳐진 공간에는 온갖 종류의 꽃과 관목, 그리고 포도나무가 들어찬 작은 정원들이 자리 잡고 있었다.

물이 춤을 추면서 솟아나는 분수가 눈길을 끌었다. 풀밭에서 솟아난 물이 자갈과 황금모래가 깔린 물길을 통과하면서 낮고 듣기 좋은 소리를 냈다. 다른 곳에서는 더 높게 물이 솟구쳐 개울을 이루며 수반으로 쏟아져 들어갔다. 어떤 수반들은 다이아몬드처럼 보였고, 다른 것들은 윤기가 흐르는 은이나 말할 수 없이 하얀 진주 같았다.

둥근 잔디밭은 동쪽에 출구가 있는, 높지만 격자의 형태로 구멍이 뚫린 담에 둘러싸여 있었다. 안에 있는 분수에서 흘러나오는 강이 출구를 통해 빠져나갔다.

도시의 주변을 둘러보다가 강을 기준으로 열두 개의 대형 구역으로 나뉘어 있다는 것을 알게 되었다. 강은 내부에서 바깥으로 열두 번을 크게 돌아 구불구불 흘러나갔다. 강의 양쪽에는 커다란 길이 있었고, 열두 개의 직선 도로가 이 구불구불한 길을 가로질렀다. 직선 도로들은 성전 부근의 성별된 지역에서 출발해서 정확하게 열두 개로 구분된 외곽의 지점까지 뻗어 나갔다. 그래서 144개의 거대한 외부 지역들로 구획된 도시는 점점 더 아름답고 훌륭하게 배열되었다.

물이 흘러가는 강과 멋진 길을 정신없이 바라보느라 시간 가는 줄 몰랐다. 이렇게 멋지고 복잡한 모습을 한 번도 본 적이 없어서 둘러보느라 달리 생각할 겨를이 없었다.

도시의 건물들은 거대하고 다른 것들과 완벽하게 서로 연결되어 있었다. 전체 도시가 하나의 꽃의 정원, 하나의 그늘이 드리워진 나무숲, 하나의 조각 미술관, 그리고 하나의 분수 바다였다. 건물과 함께 이 모든 것이 주변의 풍경과 어울리면서 끝없이 펼쳐지는 화려한 구조물을 형성했다. 그리고 이곳에서는 끝없이 색깔이 바뀌는 형형색색의 둥근 하늘이 놀랍게 모든 것을 물들였다.

잠시 뒤에 그곳의 거주자들이 눈에 띄었다. 그런데 나는 내가 목격한 것을 제대로 설명할 길이 없다. 천사들이 함께 움직이는 방식은 한가락의 노래에 맞춘 것 같았고, 하나같이 사랑을 격려하면서 하나의 질서 있는 계획에 따라 활기차게 움직였다는 말로 대신하겠다. 천사들의 변함없는 목적은 도시만큼 완벽한 수준으로 아기들을 양육하는 것이었다.

아기들은 천사들의 동작을 그대로 따라 했다. 혼자 영광을 누리려는 바람이나 경쟁은 찾아볼 수 없었다. 양육을 받는 아기들은 더욱 성숙한 대상들과 긴밀하게 연결되어 있었다. 어쩐 일인지 아기마다 거룩한 사랑과 지혜 안에서 성장하고, 빛과 사랑이 넘치는 천사처럼 활동하기를 기대하는 것처럼 느껴졌다. 저마다 자기보다 앞선 이들에게서 배우는 것을 즐기고, 남을 먼저 배려하는 사랑을 실천하는 데 완벽하게 헌신했다는 것을 알 수 있었다.

이런 방식으로 어린 아기들 모두가 아름다운 꽃잎처럼 활짝 피어났다. 그들 위에는 온통 영광뿐이었다. 그들 주변에는 온통 사랑뿐이었다. 그들 내부에는 온통 활기와 사랑과 하늘의 지식과 구세주의 경배와 영원한 즐거움이 자라나는 가락뿐이었다.

바로 이때 안내자가 말을 건네면서 장면이 바뀌었다.

"매리에타, 지금껏 아기들이 양육되는 가장 일차적이고 단순한 낙원의 경이로운 단계를 확인했단다."

바라보는 천사의 표정이 진지했다.

"하지만 그다음으로 나아가기에 앞서 간단하지 않은 과정을 거쳐야 한단다."

7.
지옥으로

안내자가 내 이마를 만지자마자 곧장 밝은 영광이 사라지면서 아래로 내려가기 시작했다. 두꺼운 암흑의 담에 둘러싸인 낮고 어두운 지하묘지를 통과하는 것 같았다. 말할 수 없는 두려움이 덮쳐왔고, 나는 언뜻언뜻 두려움에 온몸이 떨렸다. 갈등이 극심해지면서 헤어 나올 수 없었다. 놀라고 두려웠던 내 생각은 혼란 그 자체에 빠져들었다.

더 내려가자 멀리서 울부짖는 소리가 들렸다. 바닷물이 바위계곡으로 폭포처럼 떨어지는 것 같은 소리였다. 나는 무엇인가를 잡고서 서서히 내려가려고 허우적댔지만 소용이 없었다. 끔찍한 심연으로 떨어지는 것을 어찌지 못했다.

바로 그때 푸른 어둠 속에서 섬광이 나타났다. 그 빛이 사라지자 믿을 수 없는 광경이 펼쳐졌다. 음산한 악령들이 악마의 불을 두른 채 내 주변을 떠다녔다. 낙원에서 경험한 거룩함과 평강은 흔적도 없었다. 변화가 아주 심하고 두려울 정도라서 머릿속이 혼란스러웠다. 마음에는 공포와 절망뿐이었다. 정말 두려웠다. 도움을 구하려고 안내자를 돌아보았지만 어디에도 없었다.

그 순간의 고통을 표현할 방법이 전혀 없는 끔찍한 곳에 홀로 있었다. 처음에는 기도하고 싶었지만, 기도를 시작하자 순간적으로 나의 삶 전체가 떠오르면서 나는 하나님의 자비를 조금도 기대할 수 없는 존재라는 생각이 들었다.

나는 부르짖었다.

"지상에서 한 시간만 뒤로 돌릴 수 있다면, 잠깐만이라도 돌아갈 수 있다면 천국에 어울릴 수 있는 삶을 살 수 있을 텐데…"

그러자 양심이 괴물처럼 반발했다.

"기회는 없지 않았지! 지상에 있을 때 하나님이 네 죄를 위해서 마련한 것을 외면했잖아. 철저하게 무시했다고! 이제 이 암흑과 저주의 장소에서 하는 호소가 받아들여질 수 있다고 생각하니?"

설상가상으로 과거의 온갖 의심과 회의가 짐승처럼 일어나서 나를 둘러싼 채 노려보며 조롱했다. 나의 사고방식은 모두 그것들의 영향을 받았다. 어떤 비밀도 숨길 수 없었다. 그곳에 남김없이 다 있었다. 내가 기억하지 못하는 것까지 있는 그대로 모습을 드러냈다.

처음에는 한 번에 하나씩 등장했지만 나중에는 서로 결합하여 나의 모습을 갖추었다. 나는 나를 마주하고 있었다. 그것들에서 벗어나는 것은 나 자신으로부터 달아나는 것이었다. 그것들이 사라지면 나 역시 존재할 수 없었다.

구세주의 말씀이 뇌리를 스치자 달리 할 말이 없었다.

"사람이 무슨 무익한 말을 하든지 심판 날에 이에 대하여 심문을 받으리니"(마 12:36).

혼란에 빠진 나는 다시 정신이 아득해졌고, 그 상태를 벗어나서 몸으로 되돌아가고 싶었다. 하지만 또 다른 장면이 펼쳐졌다. 무엇보다 두려운 장면이었다. 십자가에 달리신 구속자의 모습이 선명하게 극적으로 나타났다. 그 장면을 바라보자 내가 예수님에 관해서 잘못 생각했던 게 그림처럼 지나갔다.

어떤 그림에서는 내가 예수님을 그저 인간으로만 생각한 것으로 묘사되어 있었고, 다른 그림에는 특별한 용서의 '교리'가 소수의 '선택된' 사람들을 위한 것이라는 나의 신념이 등장했다. 이것과 함께 영원한 심판을 알지 못했다는 생각 때문에 언젠가 흘렸던 눈물을 볼 수 있었다. 나는 그것이 내 운명이라고 생각했다.

이어서 또 다른 그림에서 구원이 누구에게나 값없이 주어진다는 사실을 즐기던 순간이 등장했다. 도덕적인 변화나 우리의 죄를 위한 구세주의 죽음에 대한 개인적인 믿음이 없어도 가능하다고 생각하던 때의 일이었다. 그리고 이어지는 다른 그림을 보니 선한 삶을 사는 것만으로 구원받을 수 있다고 간주하던 모습이 나타났다.

이렇게 따로 구분된 그림들이 전체가 하나로 연결되어 나를 둘러싸고 돌아갔다. 거기에는 그리스도, 천국, 지옥, 믿음, 그리고 영생에 관해서 내가 배우고 상상했던 모든 혼란스러운 모습들이 무수했다. 구속자에 대한 나의 모든 생각이 서로 연결되어 있었지만 아주 많은 방식으로 충돌하고 있었다. 그 모든 것 때문에 나는 완전히 혼란에 빠졌다.

장면마다 구세주의 모습이 왜곡되어 있었다. 구세주의 진정한 모습을 보여주는 장면은 하나도 찾아볼 수 없었다. 구세주의 거룩한 영광, 명예, 장엄함, 완전함을 단독으로, 또는 함께 어울려서 보여주는 것도 전혀 없었다. 나, 매리에타 데이비스는 하나님의 아들이시며 구세주이신 예수님의 진정한 모습을 조금도 알 수 없었다.

나는 완벽하게 기가 꺾인 채 그곳을 벗어나겠다는 희망을 아예 접어버렸다. 구세주에 대한 비뚤어진 이런 장면이 내가 맞게 될 최후라고 결론지었다. 그것은 나에게 미치게 될 화의 잔이 끝까지 차오른 모습이었다. 나는 이미 그 잔을 마셨고, 영원히 벗어나지 못할 수도 있었다.

　그런데 예상하지 못한 바로 그때 구름 가운데 있는 주님의 모습이 보였다. 내 쪽으로 두 팔을 뻗으면서 사랑의 음성으로 무거운 짐을 진, 흠이 많은 나를 초대하셨다. "내게로 오라"(마 11:28).

　정말 대조적이었다. 영광된 존재의 태양처럼 밝은 광채가 주변을 비추고, 둘레는 후광이 펼쳐져 있었다. 천사들이 거주하는 빛의 세계가 그와 연결되어 있다는 것을 분명히 알 수 있었다. 나의 타락한 본성은 빛과 생명, 조화와 사랑이 넘치는 그곳과 전혀 어울리지 않는다는 것도 함께 알게 되었다. 그래서 그를, 거룩한 그를 바라보았다. 더할 수 없이 영광스러운 그를 나는 제정신이 아닌 상태에서, 어리석게도 의심하면서 무수히 거절했었다.

　그를 바라보면서 나를 둘러싸고 괴롭히는 세력들을 얼마나 필사적으로 벗어나고 싶어 하는지 깨닫게 되었다. 낙원으로 가서 아름답고 평화롭고 즐거운 곳에서 살고 싶었다. 하지만 거룩한 곳과 나의 부정하고 타락한 마음 사이에는 심연이 있어서 불가능했고, 모든 의심이 또다시 나를 뒤덮었다.

8.
잃어버린 자의 절망

바로 그때 밤의 칠흑같이 어두운 장막이 밑으로부터 솟아올랐다. 나의 의심은 위로부터의 영광을 가로막는 구름이 되어서 나를 암흑의 소용돌이에 빠뜨렸다. 주변의 암흑이 나를 맞으려고 입을 벌리고 있는 곳으로 급하게 떨어졌다.

마침내 맨 밑바닥에서 보니 거대한 들판이 끝 모를 만큼 펼쳐져 있는데, 반짝이는 식물로 뒤덮여 있었다. 잎과 꽃이 무성하고 수정과 정금 열매가 달린 나무들처럼 생긴 반짝이는 물체들이 사방에 있었다.

가지 밑으로는 수많은 영혼이 쉴 새 없이 이리저리 움직이고 있었다. 그들은 빛을 발하는 옷을 입었고, 머리에는 왕관을 쓰고 있었다. 일부는 다량의 보석과 황금 동전 목걸이, 그리고 금과 은으로 만든 옷을 입고 있었다. 다른 이들은 높이 솟은 투구나 황금 머리띠를 착용했는데, 촘촘히 채운 커다란 깃털들이 바람에 흔들리면서 반짝였다. 모든 물체가 흐릿하게 빛을 발산했다. 전체적인 모습은 겉모습만 화려하고 연기를 하듯이 인위적이었다.

분주하게 움직이는 무리는 복장과 머리에 쓴 것들이 어울렸다. 모두가 화려했다. 왕들과 왕비들이 멋진 대관식 차림으로 등장했다. 귀족들 역시 왕의 궁정에서 열리는 화려한 행사에서 볼 수 있는 복장이었다.

잘 차려입은 수많은 사람이 지나갔고, 온갖 조잡한 장신구를 착용한 부족민들이 뒤따랐다. 일부는 현대적인 옷을 입었지만 나머지는 고대의 옷차림을 하고 있었다. 이런 다양한 옷차림에도 온갖 유형의 영혼들은 한결같이 허영과 교만에 들떠서 끊임없이 움직였다. 눈이 부실 정도로 화려했다.

그때 그 사람들의 음성이 들렸다. 웃고 흥청대고 들떠서 재미있어하고, 은근히 조롱하는 소리였다. 외설과 끔찍한 저주와 교묘한 빈정거림이 오갔다. 그것과 더불어서 낯 뜨거운 제의와 험담, 공허한 칭찬, 그리고 형식적인 인사가 중간마다 끼어들었다. 그런 현란한 모습 때문에 마음이 불안하고 당황스러웠다.

천천히 조심스럽게 앞으로 움직였다. 빨갛게 달궈진 석탄 한복판에서 전갈을 밟는 기분이었다. 가까이서 너울거리는 나무에서 불길이 치솟고, 수그러들지 않는 불꽃이 꽃처럼 매달려 있었다. 그것에 다가가는 것은 고통이었다.

스스로 빛을 발하는 물체들은 너무 뜨거워서 눈으로 볼 수 없었다. 열매를 따서 맛을 보려고 하자 손과 입술이 타들어 갔다. 함께 어울려서 피어 있는 불꽃들은 지독한 유독가스를 내뿜어서 냄새를 맡는다는 게 고통이었다. 대기에는 불타는 알갱이들이 떠다녔고, 그것들을 움직이는 공기에는 절망과 재앙이 가득했다.

목을 축일 수 있는 물을 찾으려고 둘러보았다. 그러자 분수와 관목 사이에서 흐르는 개울과 잔잔하고 평온한 연못이 눈에 들어왔다. 그런데 얼마 지나지 않아서 연못은 또 다른 허구라는 것을 알게 되었다. '반짝이는' 분수에서 떨어지는 것은 물이 아니라 녹은 납이었다. 나는 두려워서 뒷걸음질 쳤다. 작은 개울은 용광로에서 흘러나오는 액체금속 같았고, 깊고 고요한 연못은 가늠할 수 없는 열기로 모든 것을 태워버리는 도가니에 담긴 불타는 은이었다.

두려움 속에서 이 끔찍한 것들을 바라보고 있는데 한 영혼이 다가오는 것이 보였다. 지상에서 내가 알고 지내던 여자였다. 이곳에서는 육신으로 알고 있던 것보다 훨씬 더 빛이 났다. 몸과 얼굴과 눈과 손은 무슨 동작이나 생각을 하든지 금속처럼 반짝였다.

"매리에타, 여기서 다시 만났군요. 그런데…."

그녀가 잠시 말을 잇지 못한 채 나를 바라보았다.

"나는 당연히 그렇지만 당신은 여기에 있을 사람이 아니라는 것을 알고 있어요. 당신이 보는 것처럼 나는 형체가 없는 영혼이에요. 구세주이신 예수님을 부인하는 사람은 누구나 죽으면 이곳으로 오게 되지요."

계속해서 그녀가 말했다.

"당신이 당황스러워하고 있다는 것을 알고 있어요. 나도 그런 기분이었으니까요. 내가 어디에 도착했는지 알게 되자 정말 혼란스럽고 불안했어요. 하지만 나는 당신이 아직 알지 못하는 것까지 경험했어요. 이렇게 화려한 겉모습 안에는 감추고 싶은 커다란 슬픔이 자리 잡고 있어요."

그녀의 말이 빨라졌다.

"그래서 당신에게 알리고, 경고하지 않을 수 없어요."

그녀의 표정이 심각해졌다.

"지상에서의 삶은 갑자기 끝났어요. 세상을 떠나자 내 마음이 간절하게 이끌리는 쪽으로 순식간에 움직였어요. 나는 언제나 존경받고 싶어 했어요. 다른 사람들이 떠받들어 주기를 바란 거예요. 교만하고 반항적인 그릇된 생각대로 살고 싶었어요. 한없는 즐거움과 내가 기대하는 욕구는 무엇이든지 채울 수 있는 자유를 소원했지요. 종교와 교회와 기도가 존재하지 않고, 잘못을 지적하지 않는 세계에서 살고 싶었어요. 언제나 누구의 방해도 받지 않고 쾌락을 누리는 곳을 바란 거예요."

"그런 태도로 이 영의 세계에 들어와서 내게 어울리는 장소에 도착했어요."

그녀의 말은 계속 이어졌다.

"당신이 보듯이 나는 화려한 모습을 무척 좋아했고, 즉시 환영을 받았어요. 내가 이곳에 어울린다는 것을 알고 있었기 때문이지요. 당신은 환영받지 못해요. 근본적으로 전혀 생각이 다르다는 게 알려져 있기 때문이에요. 나는 대단한 환영을 받았어요. 사람들이 달려와서 반갑게 인사하면서 환영한다고 소리를 높였어요. 놀랍기도 하고 당황스럽기도 했지만 이곳의 분위기 덕분에 흥분해서 기운을 냈지요. 그러다가 낯설고 불안한 능력에 사로잡혔어요."

나는 그 능력이 무엇인지 궁금했다.

"내 몸 전체가 빛을 발하기 시작했어요. 그것이 머리에 집중되자 빛나는 왕관처럼 보였고, 얼굴을 비추자 아주 보기 흉해졌지요. 숨을 내쉬자 나를 감싸는 외투처럼 저절로 바뀌면서 이곳에 있는 사람들과 같은 모습이 되었어요. 어떤 이상한 힘이 머리 안으로 퍼지면서 완벽하게 나를 조종했어요. 그러자 충동적으로 되고, 이끌리는 대로 움직이게 되었어요. 쾌락이 좋아 그것을 좇았지요. 파티를 하고, 욕구를 채우느라 춤추기도 했고요. 빛나는 과일을 따고, 급류에 뛰어들어서 입맛에 맞는 모든 것을 잔뜩 누렸어요. 그런데 이것들을 맛보자 역겨웠고, 고통이 한층 더 심해졌어요. 정상적이지 않은 것을 기대하다 보니 내키지 않는 것을 갈망하고, 고통을 안기는 것을 좋아하게 되었지요. 한 번도 경험하지 못했던 것에 중독된 것이었어요. 욕구는 줄었지만 갈급함은 해소되지 않았고, 어쩌면 영원히 채워지지 않겠지요."

낙심한 표정이 역력했다.

"눈에 보이는 것마다 갈망하다가도 그것들을 손에 넣으면 낙심과 고통뿐이에요. 매번 새로운 경험을 할 때마다 낯선 환상, 환각, 중독에 빠져들지요. 늘 이상한 일들이 일어나고, 그러면 더 강력한 환각과 공포에 빠져들어요. 이곳의 일부가 된 것 같아요. 다른 사람의 말을 따라 하는 것을 어찌할 수 없어요. 웃어대고 말도 안 되는 논리를 주장하거나 조롱하고 입에 담을 수 없는 말을 하고, 한껏 비웃기도 하지요. 그런데 내가 하는 모든 말은 아무리 불순해도 말재주와 현란한 말솜씨와 기발한 신념이 넘쳐난답니다."

그녀가 몸짓을 섞어가며 말했다.

"너울거리는 나무, 빛나는 과일, 금으로 만들어진 물체, 떠다니는 악령, 가짜 물은 모두 멋지지만 허세에 불과해요. 허기와 갈증을 해결하고 싶어도 나의 욕심은 마실 수 없는 물, 먹을 수 없는 맛있는 과일, 느낄 수 없는 신선한 공기, 그리고 전혀 불가능한 평안한 잠이라는 환상을 만들어내지요. 이 모두가 환상에 불과하다는 것을 제대로 알고 있어도 그것들은 강력하고 효과적인 마술이라서 내 마음을 사로잡고 헷갈리게 만드는 거예요. 나는 악한 것에 계속 이끌린답니다. 나는 악마가 주도하는 타락과 거짓의 노예가 되었어요. 내 의지는 사라지고, 그것과 함께 정신적인 자유에 대한 희망도 접었고요. 대신에 내가 환상이 전부인 이 세계의 기초가 되었다는 확신이 커지고 있답니다."

그녀는 절망이 가득한 눈으로 바라보고서 주변을 가리켰다.

"암흑의 구름으로 차단된 이곳은 왜곡과 타락의 거대한 바다예요. 여기서 당신이 보는 것은 음욕과 교만, 증오와 탐욕, 야망과 다툼, 자기사랑, 신성모독과 열광적인 파티뿐이고, 이 모든 것 때문에 불길이 더 격렬해진답니다. 악한 것이 어떤 영혼을 사로잡지 못하면 언제나 또 다른 게 주어지고요. 악한 게 서로 결합하면서 전체적으로 효과를 발휘하게 되지요. 나는 이곳을 떠나지 못하고 살아가고 있답니다."

그녀가 주변에서 떼를 지어 서성이는 사람들 쪽으로 관심을 돌렸다.

"저들은 가난한 이들을 착취하고, 노동의 대가를 갈취한 사람들이에요. 지친 이들에게 무거운 부담을 안겨준 사람들도 있고요. 그릇된 믿음을 갖고 있던 이들도 위선자와 간음한 자, 그리고 살인자들과 함께 여기에서 지냅니다. 자살한 사람들도 마찬가지고요. 자신의 삶에 만족하지 못하고 끝내버렸기 때문이에요. 준비하지 못한 죽음을 맞을 때 자신이 가게 될 어둡고 끔찍한 밤을 알았더라면 어떤 대가를 치르더라도 더 속력을 높이기보다는 죽음을 늦춰보려고 온갖 노력을 다했겠지요. 상식에 따라서 변화된 삶을 살고 싶어 했을 거예요."

그녀가 덧붙여 말했다.

"지상은 모든 것을 점검하는 장소랍니다."

그녀는 옆길을 따라서 걸음을 재촉했다.

"지상에서의 삶은 슬픔뿐이라고 생각하나요? 여기서는 당신이 무엇을 보더라도 우울해질 수밖에 없는 많은 이유만 발견하게 될 거예요. 지상에서 행복을 찾겠다는 희망이 희미해지고 있나요? 이곳에서 당신이 알게 될 모든 것은 사라지지 않고, 만족스럽지 않고, 거룩하지도 않은 갈망입니다."

그녀가 말을 멈췄다. 고통스러운 표정이 얼굴 전체로 번졌다.

"그뿐만이 아니라 당신의 감각은 여기서 훨씬 더 예민해집니다. 지상에서는 죄 대부분이 양심밖에 건드리지 않지요. 하지만 이곳에서는 그런 죄들이 우리 존재를 파고들어서 고통이 우리의 일부가 됩니다. 그것 말고도 고난에 대한 자각과 고통을 느끼는 감각이 지상에서보다 훨씬 더 강해집니다."

그녀가 걸음을 멈추고 내 눈을 바라보았다.

"매리에타, 이곳에서의 비참한 삶을 설명하는 게 소용없을까요? 나는 가끔 희망이 있는지 궁금해요. 하지만 답을 알고 있어요. 한창 조화로운 순간에 어떻게 조화롭지 않은 삶을 살 수 있겠어요? 우리가 육신을 지니고 있었을 때 우리 삶의 결과에 관해서 종종 경고를 받았지요. 그런데 우리에게 도움이 되는 것보다 우리 나름의 방법을 더 좋아했어요. 지금 우리는 이 두려운 곳으로 떨어졌어요. 우리는 슬픔을 자처한 거라고요."

골똘히 생각하는 동안 그녀의 얼굴이 일그러졌다.

"하나님은 공의로운 분이에요. 그분은 선하세요. 우리는 창조주의 보복 때문에 이런 신세에 놓였다고 생각하지 않아요. 매리에타, 이런 재앙은 우리가 믿음과 도덕법을 어겼기 때문이에요. 그것을 지켰다면 안전했겠지요. 평안하고 완전했을 거예요."

"그런데 죄 때문이라고요!"

그녀의 목소리가 갈라졌다.

"모든 문제의 근원은 죄에요! 평강과 천국의 간사한 적이라고요! 도대체 인간들은 어째서 내키는 대로 살아가려고 할까요?"

이 순간 그녀의 눈이 내게 고정되었다. 절망에 사로잡혀 있었다. 무섭게 쏘아보는 눈길과 얼굴에 서린 고통 때문에 나는 움츠러들었다. 몸을 돌려보니 희망을 잃어버린 상당히 많은 영혼이 주변에서 속마음을 감추고 고통을 호소하는 그녀의 음성에 귀를 기울이고 있었다. 나는 공포에 사로잡혀서 그녀를 벗어날 생각으로 등을 돌렸다.

그러자 그녀의 슬픔은 더 커졌고, 그녀가 다급하게 말했다.

"매리에타, 떠나지 마세요. 잠시만이라도 내가 겪는 고통을 듣고 볼 수 없나요? 함께 있어주세요. 할 얘기가 아직 많다고요."

그녀가 더 간절하게 매달렸다.

"이런 모습 때문에 충격을 받았겠지만 이것 좀 들어보세요. 내 주변에서 벌어지는 모든 일은 훨씬 더 큰 재앙의 겉모습에 지나지 않아요. 매리에타, 우리 가운데는 선하거나 즐거움을 누리는 영혼들이 없어요. 우울한 일뿐이에요. 어느 때는 감히 구속의 순간을 기대하기도 하지요. 구속의 사랑에 관한 이야기를 여전히 기억하기 때문이에요. 우리는 스스로 질문하지요. '그 사랑이 이 어두운 죽음의 땅까지 도달하지 않을까? 우리를 얽어맨 이 갈망과 충동으로부터 풀려날 가능성은 없을까? 이 사악한 세상에서 불타오르는 욕정에서 해방될 수 있을까?' 하고 말이에요."

감정이 격해지자 그녀가 흐느끼기 시작했다. 그리고 더는 내게 말을 건네지 못했다. 또 다른 영혼이 목소리를 높였다.

"우리를 내버려 두고 떠나시오. 당신이 여기에 있는 것 자체가 우리에겐 고통이오. 우리가 기회를 놓쳤다는 것을 떠올리게 만들고 있으니⋯."

그가 잠시 멈추었다가 계속해서 말을 이었다.

"아니, 떠나지 마시오. 어째서 당신과 이런 이야기를 해야 하는지 이유를 모르겠소. 여기서 악의 세력에 관해서 깨달은 것과 사람들이 그것에 끌리는 까닭을 설명하겠소. 내 말을 잘 들으시오!"

그가 생각을 정리하느라 또다시 말을 끊었다.

"영혼이 육신 안에 있을 때는 분별하기가 쉽지 않소. 안에서 제대로 능력을 발휘하지 못하기 때문이오. 하지만 죽어서 이 세계에 들어서면 영혼이 존재의 전부로 바뀌게 되오. 영혼 이외에는 존재할 수 없소. 영혼은 어디든 가고, 무슨 일이든 가능하고, 영향을 미칠 수 있소. 지상의 사람들은 영혼이 육신을 떠날 때 죄 때문에 고통을 겪게 된다는 것을 믿으려고 하지 않소. 하나님의 사랑과 자비가 그런 일이 일어나지 않게 할 거로 생각하는 것이오. 하지만 여기에는 악과 고통이 분명히 존재하고 있소. 그것의 원인은 분명하지만 사람들은 인정하려 들지 않고, 하나님이 악하기 때문이라고 비난하고 있소."

그가 나를 바라보았다.

"하나님의 법을 위반하면 늘 좋지 않은 결과를 낳기 마련이오. 생명과 온전함이 아니라 죽음뿐이오. 하나님의 법을 어기는 것은 죄라서 사람들은 자신이 바라는 모습을 유지할 수 없소. 죄는 하나님과의 삶을 앗아간다오. 우리가 그 법을 어길 때마다 삶 속에서 일일이 확인할 수 있소. 그렇게 끔찍한 결과가 가득한 게 바로 이곳이오."

그는 일그러진 얼굴을 들고서 절망하며 부르짖었다.

"어째서 사람들은 자신의 감각을 믿고 죄를 범할 때 무슨 일이 벌어지는지 깨닫지 못하는 것일까요? 어째서 사람들은 범죄를 멈추고 하나님께로 돌아서지 않는 것일까요? 매리에타, 당신은 분명히 우리와 무관하오. 이곳을 떠나 평안의 땅으로 돌아가시오."

그가 신음을 냈다.

"평안과 사랑이라는 말만 꺼내도 우리는 광분한다오. 당신은 지상으로 돌아갈 테니 이것들을 설명하고 있는 것이오. 당신이 본 것들을 사람들에게 들려주고, 그릇된 갈망을 계속해서 만족시키려고 하는 이들에게는 끔찍한 일들이 기다리고 있다고 경고해주시오."

그가 거침없이 말하자 나는 두려움에 사로잡혔다. 그의 사나운 표정이 뇌리에 깊게 새겨졌다. 그런데 바로 그 순간에 그를 떠났다.

나는 내가 목격한 것이 부정할 여지가 없는 현실이라는 사실을 알고 있었다. 그 영혼들은 지상에서 알고 지내던 사람들이었다. 그렇지만 그들은 어떻게 저런 처지가 되었을까? 그들은 슬픔과 회한 그 자체였다. 그들이 정결해져서 그곳을 벗어나 평강의 낙원에 있는 행복한 영혼들과 함께 지낼 수 있다면 얼마나 좋을까!

9.
배교자들

순식간에 나는 완벽하게 빛이 차단된 곳에 당도했다. 아무것도 보이지 않았다. 태양과 별, 그리고 어떤 빛도 존재하지 않았다. 암흑이 점점 더 심해지면서 한 치 앞도 분간할 수 없었다. 숨이 막힐 것 같았다. 벗어날 길은 어디에도 없었다. 나의 운명이 끝난 것 같았다.

그때 멀리서 부드럽고 아름다운 음성이 들렸다.

"예수님께 도움을 구하라. 생명을 주시는 유일한 분이시다."

안에서 희망이 고개를 들었다. 하지만 순간적으로 정반대의 감정이 솟아나서 다툼을 벌였다. 즉시 끝없이 깊은 곳으로 떨어져서 또 다른 영혼들이 머무는 곳에 도착했다. 이 영혼들이 내가 만난 이들보다 훨씬 더 나쁜 상황에 부닥쳐 있다는 사실을 파악하기까지는 그렇게 많은 시간이 걸리지 않았다.

먼저, 그들은 내 주변에 모여서 하나님 아들의 신성을 의심한 것을 칭찬했다. 이어서 '위대한' 지성을 갖춘 영혼이 다가와서 확신이 담긴 말을 건넸다.

"성경을 믿는 것은 어리석고 머리가 부족한 자들이나 하는 짓이 아닌가? 그렇지만 자네는 그것이 영적인 소설이라는 것을 당연히 알고 있을 터."

그가 고상한 음성으로 말을 이어갔다.

"성경에 있는 하나님, 그러니까 기독교인들이 세상의 구세주라고 부르는 존재는 인간에 불과할 뿐이네. 그러니 신앙이라는 게 할 수 있는 것은 인간의 사고 폭을 제한하는 게 고작이고. 고상한 지성을 속박하고 인류의 발전을 저해하는 게 신앙이라네. 자네가 방금 만난 이들은 지상에서 신앙생활을 하는 사람들 때문에 앞을 못 보게 된 영혼들이지."

그는 한껏 조롱하고 있었다.

"저들이 이곳에 처음 도착했을 때는 완전히 풋내기였어. 그리스도를 통해서 구속할 수 있다는 생각을 여전히 떨쳐버리지 못했지. 그들은 괴로워하는 것처럼 보이지만 그 고통은 상상에 불과할

뿐이네."

걱정하면서도 거만한 표정은 역력했다.

"오래지 않아서 이해할 테고, 그러면 자신들이 터무니없는 종교교육을 받았다는 것을 알게 될 거야. 지금도 여전히 그것에 집착하고 있다네. 더 훌륭한 본성이 그것을 거부하는데도 말이지."

그가 두 팔을 과장되게 흔들었다.

"여기서 우리는 자유를 만끽하고 있다네. 우리의 지성은 속박을 받지 않고 인간들이 거주하는 우주의 웅장함과 영광을 파악하고 있어. 우리는 가장 탁월한 정신의 풍요로운 결과를 누리면서 더 높은 지적 업적과 세상의 고귀한 것들로 계속해서 나아가는 중일세. 이 모든 일을 완성하는 데는 십자가의 종교가 필수적인 것은 아니야."

그가 계속해서 말했다.

"매리에타, 우리는 조금 전에 자네가 암흑에 둘러싸인 것을 지켜보았네. 예수의 이름으로 기도했겠지. 그렇게 배웠을 테니까. '예수를 의지하라'는 소리도 들었겠지."

그가 조롱하듯이 웃어댔다.

"자네는 구원을 받았나? 물론 아닐 거야. 지금쯤은 구원이 누군가의 이름을 부른다고 가능한 게 아니라 스스로 타고난 능력을 발휘해야 가능하다는 것을 알았겠지."

그가 주변을 둘러보고 나서 말을 이었다.

"매리에타, 지금 무엇이 보이지? 이곳에서의 놀라운 일들을 바라보고 말도 안 되는 성경에 대한 믿음을 포기하게. 이곳을 두 번째 세계라고 부르지. 지금 자네 주변에는 지상의 각기 다른 곳에서부터 모인 위대한 영혼들이 있다네. 그들은 허구적인 종교에 절대 굴복하지 않을 수 있는 지적 능력을 갖추고 있지. 쓸모없는 찬양이나 한심한 교회음악을 부르는 법도 없다네. 그들이 찬양하는 것은 자연이지. 게다가 그들은 자연의 고귀한 일부라서 한 몸처럼 계속 성장하고 발전하는 중일세."

바로 그때 내게 말을 걸었던 영혼이 잠시 머뭇거리더니 불안에 빠져들었다. 나는 엄청난 변화를 지켜보면서 두려워졌다. 그의 흐릿한 형체에 연속적인 충격이 가해지자 떨던 몸이 뒤틀리면서 경련을 일으켰다. 그 충격이 어디서부터 왔는지는 알 수 없지만, 신문지만 한 크기의 섬뜩한 빛이 구름의 형태로 나타났다. 그는 자신을 억누르고 있는 힘에서 벗어나려고 무척이나 애를 썼다. 그러나 결국에는 무력한 절망감에 사로잡힌 채 신음하면서 굴복하고 말았다.

갑자기 내 앞에 거대한 경기장이 나타났다. 온갖 유형의 인간들과 함께 상상할 수 있는 모든 악을 순식간에 볼 수 있었다. 무신론자들과 온갖 종류의 예배와 종교가 보였다. 명목상의 교인들 역시 그곳에 있었는데, 그들은 십자가의 복음을 존경하지만 별다른 영향을 받지 않았다.

그 광경을 지켜보고 있는데, 멀리서 소리가 들려왔다.

"매리에타, 겁내지 말고 이 혼란의 장소를 기억해두어라. 여기에는 자신을 기만하고, 그릇된 철학을 신뢰하고, 하나님을 증오하는 이들이 모였다. 거짓과 위선의 가짜 기독교 역시 만날 것이다. 양의 탈을 쓰고 찾아온 인간 늑대들을 보게 될 텐데, 단순해서 의심하지 않는 사람들을 이용해서 잇속을 챙기는 자들이다."

음성에 귀를 기울이고 있는데 불쾌한 불협화음이 들렸다.

"들어보아라! 저 터무니없는 찬양을 말이다. 과거에 별다른 느낌 없이 살아계신 하나님을 찬양했던 수많은 사람이 부르는 노랫소리다. 제소리를 내지 못하는 오르간도 마찬가지다. 저기 서 있는 사람들을 보아라. 저들의 행동을 지켜보면서 하는 말에 귀를 기울여 보아라."

내가 목격한 것을 돌아보면 그것들을 제대로 설명할 수 없는 나의 무능함이 실감 난다. 직접 본 사람들만이 두려운 실상을 제대로 이해할 수 있다. 사람의 악한 생각이 실제로 존재했다는 것만 말할 수 있을 뿐이다. 영혼은 저마다 배우처럼 굴었다. 지상에서 갈고닦은 임무를 수행했다. 이 사람들이 어떤 식으로든지 행복을 기대했다면 그것은 헛된 환상에 지나지 않았다. 저마다 경험을 통해서 어떤 성취를 맛보려고 노력하지만 전반적으로 무시무시한 환상은 그들 모두를 말로 다 할 수 없는 공포로 몰아갔다.

좌석에 앉았던 찬양대가 일어서서 노래를 시작하는 것이 보였다. 음산한 오르간 소리가 귀를 어지럽혔고, 찬양대 연주곡 전체가 냉소적인 불협화음이었다. 철저하게 절망으로 빠져드는 그들이 불쌍하게 보였다.

찬양대석 아래에 회중이 앉았는데 무엇 하나 비판적이지 않은 것이 없었다. 전면에 있는 고딕양식의 강단에는 목사 가운을 걸친 사내가 서 있었다. 그는 목사였지만 위선과 교만으로 구속자의 명예를 훼손했다. 하나님을 사랑하는 것은 겉치레였고, 그의 행동은 진정한 기독교 사역의 평판을 떨어뜨렸다. 이 끔찍한 곳에서 그는 종교적인 것들을 이용하고 남용하는 모든 것의 상징이었다.

그의 앞에는 책이 펼쳐져 있었다. 그는 책을 읽으려고 노력했지만 그때마다 실패했다. 그의 음성은 날카로우면서도 컸고, 발음은 알아듣기 어려웠다. 그는 일그러진 표정으로 몸을 틀어서 책을 읽으려고 했다. 몇 번이고 반복해보았지만 결과는 마찬가지였다.

좌절감이 커지자 그의 입에서는 자신과 주변의 모두를 저주하는 심한 말이 튀어나왔다. 그러고는 하나님을 모독하면서 모든 잘못과 슬픔을 그의 탓으로 돌리기 시작했다. 온갖 생각을 동원해서 우주의 창조주를 비난하려고 했다.

그의 욕설, 태도, 끝 모를 분노가 극단으로 흘러서 주변에 있는 것들을 모두 망쳐버릴 것 같았다. 그런데 갑자기 그는 탈진하더니 포기해버렸다. 그의 능력은 제한적이었고, 그리고 어느 정도는 청중의 조종을 받는 것 같았다.

청중을 둘러보니 그가 이렇게 쩔쩔매는 이유를 알 것 같았다. 사내의 애쓰는 모습을 조롱하는 사람마다 얼굴에는 강렬한 증오와 자제하기 힘든 즐거움이 배어났다. 그들은 강단의 사내가 겪는 엄청난 고통을 만끽하는 사악함을 감추지 못했다. 그런데 그들의 즐거움은 우리가 상처를 만질 때 느끼는 안도감과 비슷했다. 그렇게 하지 않으면 언제든지 고통이 더 심해진다고 생각하면 그렇게 하기 마련이다.

그가 뒤로 물러나자 얼굴에 말로 표현할 수 없는 두려움이 비쳤다. 괴괴한 불길이 그의 주변에서 번쩍였고, 화산처럼 맹렬한 내적 혼란 덕분에 그는 제대로 일어서지 못했다. 그의 고통은 죄인의 지옥을 방불케 했다. 예수님의 말씀이 생각났다.

"이 무익한 종을 바깥 어두운 데로 내쫓으라. 거기서 슬피 울며 이를 갈리라 하니라. …거기에서는 구더기도 죽지 않고 불도 꺼지지 아니하느니라"(마 25:30, 막 9:48). 청중 가운데 하나가 위태로운 격정의 불길에 휩싸인 그를 비난하고 나섰다.

"암흑의 악마여! 위선의 자식이여! 속이는 자여! 비길 데 없는 사기꾼이여! 양심이 사라진 믿음의 교사에게 어울리는 지옥에 빠진 자여! 심판을 감당하지 못할 자여! 당신은 신앙과 사람들의 영혼을 생계수단으로밖에는 대하지 않았소. 그런데도 당신은 명예를 누리고 존경을 받았지. 사람들의 영혼에는 무관심하고 손쉽게 물질을 취했소. 우리의 상처 입은 마음은 돌보지 않고, 영혼을 구원하는 하늘의 진리는 한 번도 전하지 않았소. 고작 그들이 듣고 싶어 하는 말만 해주면서 망상으로 몰아넣었소. 그러니 지금 당신이 그런 고통을 겪는다고 해도 아주 당연한 일이오!"

그는 거침없이 비난했다.

"일어나시오! 비단 가운을 걸친 거짓 교사여! 일어나서 얼마나 잘났는지 보여주시오. 우리에게 매끈한 말을 늘어놓고 찬양대를 시켜서 말도 안 되는 노래를 부르게 하시오. 신성모독과 저주의 말을 그치고, 하늘 보좌에 있는 하나님을 물어뜯겠다는 기대를 접으시오."

그는 신경을 건드리는 말도 서슴지 않았다.

"당신의 조물주는 공의롭지만 당신은 그의 위엄을 조롱했소. 당신은 세상 앞에서 그의 영광을 드러내고, 그것을 통해서 수많은 사람을 그에게로 인도해야 했던 거요."

이때 목사가 자리를 뜨려고 했다. 하지만 사내는 말을 멈추지 않았다.

"위선자, 그럴 수는 없소! 달아나고 싶어도 불가능하지. 고통을 겪고 있는 이 많은 사람을 살펴보고 어째서 이곳에 왔는지 자문해보시오. 저들이 죄를 지었으니 행동에 책임을 지는 것은 당연한 일이오. 하지만 양심을 깨끗이 하고 여기 있는 이들을 본다면 얼마나 잘못 인도했는지 알 수 있을 거요. 저들을 하나님께 인도하려고 해본 적은 있소? 천만에! 그 대신에 말도 안 되는 글 나부랭이에 매달렸소. 온갖 멋들어진 말로 설교를 꾸몄지만 사람들은 그만큼 더 무관심해졌을 뿐이오. 당신이 멋들어진 말솜씨로 명성을 쌓는 동안에 말이오."

이 대목에서 과거에 목사였던 사내가 고함을 질렀다.

"그만! 그만 해요! 나를 그냥 내버려두시오! 양심의 가책은 신물이 날 정도요! 영원히 끝날 수 없소! 그만들 하시오! 괴롭히지 마시오! 나도 이런 고통이 당연하다는 것을 알고 있소. 내가 평생 즐거움만 좇았다는 것을 모르는 게 아니오. 사람들의 영혼을 하찮게 생각하고 별다른 확신 없이 영원한 일을 글로 썼소. 사람들의 비위를 맞추느라 기도했소. 내게 유리하게 변덕스럽고 교만하게 성경을 해석하고 다른 이들을 억압하는 자들을 위한 구실을 찾아냈소. 이렇게 사는 것 자체가 두려움이요! 슬픔은 벗어날 수 없고, 그러니 언제나 밤이요! 구슬픈 소리가 사라지지 않고 좌절한 영혼들의 광기를 피할 수 없소. 그것들 때문에 정말 괴롭소. 도망치려 하면 무수한 악령들이 앞을 가로막소. 그들은 이곳에 있는 영혼들을 편안히 내버려두는 법이 없소. 내가 돌보던 교인들의 쓰디쓴 저주 때문에 미칠 지경이오. 감춰둔 죄에 대한 기억은 악마처럼 떠올라서 끝없는 고통을 안겨주고 있소. 이보다 더한 지옥이 있다면 그곳으로 나를 보내주시오."

그가 이렇게 말하자 청중이 한꺼번에 일어나서 고통스러워하는 그를 조롱했다. 목사를 비난하던 영혼의 힐난은 계속되었다.

"당신은 우리가 당신이 시킨 대로 하려고 했다는 것을 아주 잘 알고 있소. 그런데 당신은 믿음의 교사라고 하면서도 우리가 여기서 인생을 마감하게 한 그릇된 행동을 해도 바로잡지 않았소! 거룩한 책 성경은 사람들을 천국으로 인도하려는 하나님의 선물이오. 그런데 당신 같은 목사와 신학자들이 그릇되게 해석했소. 당신은 쾌락만 좇고, 마음으로는 하나님을 멀리했소. 당신의 성경 해석은 이곳에 오기 위한 여권이었소. 지금 우리가 알고 있는 것은 쓰라린 고통뿐이오. 여기서는 더 많은 죄를 짓고 있소. 한때 우리가 죽고 못 살던 최신 유행이 지금은 꺼지지 않는 불처럼 우리를 사로잡았고, 우리 모두 신처럼 떠받들던 돈은 심연 위에 걸린 죽음의 구름에 유령처럼 앉았소."

그가 과거에 목사였던 사내에게 손가락질했다.

"당신이 여기서 지내는 것은 규칙을 지키지 않았기 때문이오. 당신은 그것을 무시했소! 자신의 영광이 너무나 좋았던 거지! 당신의 믿음은 회칠한 무덤처럼 위선적이었소. 겉모습은 번지르르하지만 마음에는 탐욕과 교만뿐이오. 교활한 생각으로 가득 차 있소! 죽은 자의 뼈와 편견에 사로잡힌 냉정한 신학자와 목사들의 유산으로 넘쳐나고 있소."

"당신의 조물주를 저주할 수는 없소."

그가 조롱하며 비웃었다.

"이곳은 자업자득이오. 당신이 아무 생각 없이 자주 설교했던 성경 구절을 내가 인용해보겠소. 잘 들으시오. '자기의 육체를 위하여 심는 자는 육체로부터 썩어질 것을 거두고 성령을 위하여 심는 자는 성령으로부터 영생을 거두리라'(갈 6:8). 그뿐만이 아니요. '죄의 삯은 사망이요'(롬 6:23). 여기서는 이 성경 구절들이 아주 크게 울려 퍼져서 어디에 있는 영혼이든지 다 듣고 있소. 몸 전체로 실감하고 있단 말이오. 더 나쁜 것은 이곳이 암울하다 보니 그게 극대화된다는 것이오. 거짓 교사여, 하나님과 그의 말씀이 사실과 다르다고 말하시오. 우리에게 이런 죄를 저질렀잖소. 우리는 하나님의 법을 어겼기 때문에 고통받는 것이오."

사내는 거침없이 말하다가 격렬하게 몸을 떨기 시작했다. 그는 점점 더 불안에 사로잡혔다. 그와 청중들이 바닥으로 쓰러졌다. 그러자 그들은 개인이 아닌 것처럼 서로 뒤섞이기 시작하면서 불안에 떠는 한 덩어리의 생명체처럼 바뀌었다. 그들 위로 두꺼운 구름이 솟아올랐는데, 너무 두꺼워서 그 밑에 있는 생명체의 일부처럼 보일 정도였다.

그 광경은 감당하기가 쉽지 않았다. 이 두려운 장면을 더는 견딜 수 없어 뒤로 물러나면서 소리쳤다.

"자비한 하나님은 어디에 계시나요? 이런 모습을 보시고도 저들을 그냥 내버려 두실 건가요?"

"물론이다."

위쪽에서 음성이 들렸다.

"물론 자비하신 하나님은 존재하신다. 하나님은 죄인들을 살피시고 그들을 더할 수 없는 사랑으로 돌보신다. 너도 성경 말씀을 읽어보지 않았느냐? '하나님이 세상을 이처럼 사랑하사 독생자를 주셨으니 이는 그를 믿는 자마다 멸망하지 않고 영생을 얻게 하려 하심이라'(요 3:16)."

음성이 슬픈 투로 바뀌었다.

"하지만 온 세상을 구원하려고 해도, 그리스도인들이 죄인들에게 그 소식을 알리고 호소해도 무수히 거절했다. 그리고 수없이 많은 사람이 믿음을 가진 것처럼 보여도 구속에 대해서 잘못 알고 있다. 아직도 지상에는 죄 때문에 슬퍼하는 이들이 있지만 그들 가운데 대부분은 변하지 않을 것이다. 그들은 정결과 사랑의 법을 어겼기 때문에 말할 수 없는 고통을 겪을 것이다."

위쪽을 올려다보아도 그 음성이 어디서 들려오는지 가늠할 수 없었다.

"매리에타, 두려워해서는 안 된다. 하지만 지금까지의 일들을 알고 있어야 한다. 죄가 사람들에게 초래하는 고통 가운데 겨우 일부만 목격했다는 사실도 잊어서는 안 된다. 영적인 고통은 상상을 넘어선다. 네가 지금 목격한 것들로는 실상을 제대로 파악할 수 없다. 내가 설명하겠다."

음성이 계속 이어졌다.

"위대한 지성을 갖춘 영혼은 적그리스도의 영을 대표한다. 그는 합리적인 것처럼 보이는 주장으로 너를 혼란에 빠뜨리려고 했다. 하지만 그 모든 것 뒤에는 불화, 자기사랑, 배반, 잔악함, 불순한 욕구, 탐욕, 살인, 하나님과 구원의 은총에 대한 부인, 그리고 신성모독과 무례함까지 함께 자리 잡고 있다. 그는 너를 속이려고 했다. 하나님 사랑의 지배를 받지 않는 자들에게 일어나는 일들을 감추려고 했다. 하지만 실패했고, 그래서 그리스도만이 죄의 영향으로부터 구원할 수 있다는 것을 알게 되었다. 그리스도 이외에는 전혀 무익할 따름이다."

음성을 통해서 내가 겪은 일들의 실상이 드러나기 시작했다.

"너는 강단에서 거짓 교사와 위선적인 신앙의 고통스러운 결과를 목격했다. 그를 마주한 사람들은 십자가의 이름을 경배하면서도 하나님을 진정으로 경외하지 않았다. 겉모습은 예배하고 있었지만, 생각은 멀리 떨어져서 자신을 만족시키는 믿음생활을 하고 있을 뿐이었다. 그들은 좋은 평가만 기대하는 거짓 교사를 선택했고, 그래서 그는 그들의 기분을 맞추려고 노력한 것이다. 거짓 교사를 책망한 영혼은 그를 잘못 믿었지만 자신들의 영적 행복에는 관심이 없었다. 네가 목격한 이런 갈등은 그런 종류의 사람들에게는 흔하다. 그들은 서로 자신들의 죄를 비난한다. 이 영혼들은 실제로는 정의가 성취되었다는 것, 즉 자신들이 그런 처지에 있는 것은 하나님의 법을 어겼기 때문이라는 사실을 인정한 것이다. 사람들은 자신들의 잘못을 철저히 깨닫고 하나님이 선하다는 사실을 알고 있다. 어리석음에서 벗어나서 하나님의 법을 따르는 이들은 이것을 쉽게 파악하게 된다."

나는 거짓 교사가 겪은 고통의 이유가 궁금했다.

"너는 거짓 교사가 자신의 진정한 과거에 관해서 듣는 순간 고통스러워하는 것을 목격했다. 그는 지상에서 그릇된 욕구를 추구하는 이들이 무슨 일을 겪게 되는지 보여준 것이다. 그들은 결국 이곳에서 오래된 친구들을 다시 만나서 죄를 놓고 서로 비난하고 하나님의 진리를 따르는 게 옳았다고 말한다. 그들이 마지막에 쓰러져서 하나의 덩어리가 된 것은 죄가 어떻게 죄에 이끌리는지를 보여준 것이다. 비슷한 성격과 욕구를 지닌 사람들은 서로 이끌리기 마련이다. 그런 사람들이 더 많이 모이면 죄의 지배 세력도 함께 강해진다. 그래서 영혼들은 서로 상처를 주고받게 되는 것이다. 그들 위에 있는 두꺼운 먹구름은 거대한 경기장을 가득 채운 영적인 불화를 상징한다. 매리에타, 이 장면은 '만일 맹인이 맹인을 인도하면 둘이 다 구덩이에 빠지리라'(마 15:14)는 구절을 설명하고 있다. 그것이 바로 여기서 벌어지고 있는 일이다."

음성이 잠시 멈추더니 엄숙해지면서 계속되었다. "매리에타, 이 모든 일을 충분히 목격했으니 잊어서는 안 된다. '죄의 삯은 사망이요'(롬 6:23)라는 말씀을 결코 잊어서는 안 된다."

10.
다시 빛의 세계로

음성이 사라졌다.

그리고 안내하는 천사의 소리가 들렸다.

"매리에타, 이곳으로 올라오너라."

나는 순식간에 빛나는 구름 안으로 아주 부드럽게 이끌려 올라
갔다. 이러한 변화는 믿을 수 없을 정도였다. 이성을 상실한 군중
의 거친 행동을 두려움 속에서 지켜본 게 불과 잠시 전이었다. 지
금은 그곳으로부터 날아올라서 영광스러운 빛 안으로 들어와 있
었다.

나는 목격한 내용을 곰곰이 생각해보았다. 제일 먼저 나는 죄
때문에 죽음을 맞이한다는 사실을 실감했다. 다음으로 행복은 단

순한 믿음, 즉 구속자인 예수님을 믿는 믿음에서 비롯된다. 그리고 나는 기만이 암흑의 기초가 되고 모든 문제의 근원이라는 것을 깨달았다. 거짓과 악의 결과를 숨기는 것은 눈가림에 지나지 않는다. 이것과 함께 나는 아무리 정교하게 꾸미더라도 모두가 시험을 거치는 마지막 날에는 어떤 거짓도 진실을 숨길 수 없다는 사실도 아주 분명하게 알게 되었다.

그런데 그 순간 못 보던 밝은 불빛이 비춰서 돌아보니 내 위쪽에 믿을 수 없을 정도로 사랑스럽게 보이는 존재가 있었다. 그녀의 옷은 태양처럼 빛나고 얼굴은 천국에 어울리는 빛을 발하고 있었다. 그녀는 거룩한 빛의 중앙에 단정하고 평화롭게 앉아서 내게 말했다.

"매리에타, 이곳에서 안식하라. 지금껏 네가 목격한 것들이 너를 괴롭히지 않도록 이제는 생각을 내려놓아라. 하나님은 모두를 위해서 하늘나라에 거처를 마련하셨단다. 힘겨워서 하나님을 찾는 이들은 누구나 그곳에서 언제든지 도움을 받을 수 있단다. 네가 만난 사람들은 지상에 있을 때 범한 행동의 결과 때문에 그렇게 사는 것이란다. 그것은 어찌할 수 없는 일이지. 자청한 것과 다를 바 없단다. 스스로 해를 입혔으니 고통은 당연하지. 이것이 바로 '존재의 법칙'이란다. 그러니 매리에타, 잠시 쉬어라. 천사들이 찬송하면서 다가오고 있단다. 저들은 우리의 구속자를 찬양하는 노래를 부르는 것이란다. 아름다운 화음을 들어보아라. 매리에타, 위를 보아라!"

그녀가 채근했다.

"보아라! 우리는 의의 도시로 가고 있단다. 그곳은 결코 악이 침범할 수 없고, 거짓 영이 여기에 있는 거룩한 성전을 물들이지 못하지. 들어보아라. 거룩한 언덕을 지키는 천사가 네게 말하고 있단다."

올려다보니 음성이 들렸다.

"매리에타, 네가 가고 싶은 곳이 어디냐? 너는 죄악에 물든 땅을 떠났단다. 어째서 그렇게 악한 곳으로 돌아가고 싶어 하느냐? 어째서 선과 악의 세계 사이에서 망설이느냐? 나는 줄곧 너를 지켜보았다. 평강의 낙원에 있을 때와 사악한 곳에 떨어졌을 때도 보았고, 네가 힘겨워하는 것을 보았고, 하나님께 도움을 구하는 소리도 들었단다."

음성이 가까워졌다.

"이것을 통해서 교훈을 얻어야 한단다. 생각의 뿌리를 진리에 두고서 거룩한 사랑의 다스림을 따라야 하지. 그렇지 않으면 악의 세력을 감당하지 못할 것이야. 하나님에게 나지 않은 사람에게는 안전이란 있을 수 없단다. 너는 마침내 외부의 암흑으로 안내할 수 있는 세력에게 노출되었단다. 진리를 따라서 낙원에 들어가고 싶다면 죄의 '즐거움'을 직접 부인해야 해. 하나님을 따르고 싶은 마음을 가로막는 것들을 제거해야 하지. 다른 길을 가면서 선을 행해야 한단다. 이것이 바로 영원한 도움을 받을 수 있는 유일한 방법이란다."

음성이 계속해서 이어졌다.

"매리에타, 네가 이런 일들을 목격한 것은 아주 중요한 이유가 있기 때문이었단다. 너는 영적인 문제들에 대해서 생각을 정하지 못한 사람들을 대표하고 있어. 그래서 이 교훈을 지니고 돌아가야 한단다. 네가 목격한 것처럼 비정상적인 영혼들은 육신을 떠날 때까지 계속해서 악을 범할 것이야. 절제하지 않으면 그 영혼은 다른 영혼들의 슬픔과 고통을 악화시킬 것이란다."

음성이 잠시 멈추더니 계속되었다.

"세상은 같단다. 세상에서 죄가 느는 것은 죄를 좇는 사람들의 숫자에 달려 있을 뿐이지. 악한 사람 하나가 또 다른 사람을 조장하고, 그러면 선한 사람이 그만큼 사라지게 된단다. 죄가 쌓이면 능력이 생겨나고, 결국에는 가족과 국가가 전쟁을 준비하게 되는 것이지. 인간들이 악의 능력만 알고 있어도 얼마나 좋을까! 매리에타, 너는 온 인류에게 '슬픔'이라는 낱말을 전달할 능력을 지니고 있단다. 수많은 사람이 죄를 고집하면서 삶 속에서 악을 늘려가고 있어. 그러다가 그들은 마침내 악한 영혼들의 세계에서 종말을 맞이하고 다른 사람들도 함께 끌어들인단다."

말이 빨라졌다.

"하지만 하나님의 은혜를 마음에 받아들이면 성품은 물론 욕망까지 바뀔 수 있단다. 거룩한 생명이 영혼으로 들어오면 영혼은 하나님을 향해서 생각을 바꾸게 되지. 그러면 거룩한 이끌림의 법칙 덕분에 영혼이 낙원에 들어가게 되는 것이란다. 매리에타, 이 도시는 네가 이미 보았던 아기를 돌보는 곳이야. 슬픔과 죽음의 장소를 보았으니, 이제는 다시 돌아올 수 있게 되었단다. 우리는 지금 아기를 돌보는 중앙의 둥근 지붕 위에 있으므로 교육하는 성전이 보일 것이야. 낙원의 아기학교는 모두 여기에 있단다."

그 영혼이 말을 끝내자 우리 밑에 있는 거대한 둥근 지붕이 갑자기 열리고 말할 수 없이 영광스러운 모습이 드러났다. 웅장하고 다양하고 질서 있는 낙원을 모두 볼 수 있었다. 중앙에는 십자가가 있고, 그 주위에는 작은 십자가와 수금을 가진 열두 영혼이 있었다. 어린아이들은 십자가 주변의 열두 영혼에 집중하고 있었다. 누구 하나 소리를 내지 않았다.

11.
천상의 멜로디

"매리에타, 한번 들어보렴!"

천사가 말했다.

그가 내 관자놀이를 누르자 깊은 침묵 속에서 음악이 흐르기 시작했다. 천사의 호흡 같기도 하고, 영혼 내부의 더할 수 없이 거룩한 생명체 같기도 했다. 제대로 들리지는 않았지만, 음악이 몸 전체를 타고 서서히 움직였다. 그토록 거룩한 음악에 반응하는 것들이 내 안에 존재한다는 게 믿기지 않았다. 그런 화음을 경험할 수 있도록 내 모습 전체가 변한 게 분명했다. 나는 음악과 완전히 하나가 된 느낌이었다.

음악이 계속해서 흐르자 그것이 내 안에 흐르도록 내버려 둘게 아니라 아예 뛰어들고 싶은 생각이 들었다. 내 의지가 소리와 뒤섞였다. 그러자 즉시 불협화음이 터져 나오면서 죄에 물든 본성이 강력한 힘으로 나를 압도했다. 음표 하나하나가 계속해서 파고들었지만 내 안에서 흐르는 음악과 더는 하나가 되지 못했다. 내가 그것에 섞이려고 할 때마다 끔찍한 불협화음이 났다. 서너 차례 이런 식으로 끝나자 듣는 게 쉽지 않았다. 나의 본성이 그것과 섞일 수 없다는 것을 깨달았다.

안에서 들리는 불협화음은 견디기 어려울 정도로 고통스러웠다. 내 몸 곳곳에서 귀에 거슬리는 소리가 들렸다. 둥근 지붕 전체를 울리는 화음의 물결이 나의 변질된 마음에 도달하자 격한 바닷소리에 파묻혔다. 달아나고 싶었다. 여기만 아니라면 다른 어떤 곳도 괜찮았다. 거짓으로 예배하는 지옥과 같은 곳이 내 본성에는 더 적합한 것처럼 느껴졌다. 하지만 벗어날 수 없었다.

나는 완벽하게 방향감각을 상실했다. 순간순간이 영원 같았고, 그러다 보니 내 상태는 더욱더 악화되었다.

결국 나는 절망 속에서 부르짖었다.

"이곳을 벗어나게 해주세요!"

무슨 일이 일어나고 있는지 가늠하려고 노력했다. 거룩한 음악을 처음 들을 때는 너무 좋았다. 하지만 그것에 다가서려고 하자 불협화음이 만들어지고 거룩하지 않은 본성이 모두의 눈에 완벽하게 드러나고 말았다! 천사들과 어울릴 수 없다는 게 분명해졌다. 나는 구속 이후에 길을 잃었고, 내 영혼은 무너져내렸다. 영혼은 조금도 그 장소와 어울리지 않았다.

나는 고통스러워서 소리쳤다.

"이곳을 벗어나게 해주세요! 암흑 속에 영원히 숨게 해주세요! 나를 숨겨주세요! 이 빛을 피하게 해주세요! 내 죄악을 감출 수 없어요! 달리 더 깊숙한 지옥이 있나요? 그곳으로 보내주세요. 길을 잃어서 악마가 조롱해도 상관없어요. 이곳과 어울리지 않아서 끝날 것이라면 내 영혼은 적어도 깨어날 생각을 하지 않을 거예요!"

그렇게 나는 빛과 조화와 평강이 충만한 세계를 벗어나게 해달라고 호소했다. 낙원과 전혀 어울리지 않는다는 게 내 생각이었다. 나는 정말 그곳에서 지내고 싶었지만 발을 들여놓기 전까지는 어떤 변화가 필요한지 조금도 관심을 두지 않았다.

기형으로 태어난 아기가 하나님의 은총 덕분에 온전하게 회복되는 놀라운 장면을 지켜보았다. 하지만 나는 이 지식을 나의 상황에 결코 적용할 수 없었다.

내가 암흑 속으로 빨려 들어갔을 때는 천국을 바라보면서 그곳으로 가서 구원을 받고 싶은 마음이 간절했었다. 조화롭고 사랑이 넘치는 천국 때문에 그렇게 고통을 겪게 될 거라고는 생각하지 못했다. 나의 진정한 모습이 말로 다 할 수 없는 지옥처럼 재앙이 될 거라고는 생각하지 못했다.

도움을 구하는 사이에 이 모든 것이 내 머릿속을 어지럽혔다. 나는 내 모습을 잘 알고 있었다. 나는 길을 잃었고, 더 큰 슬픔이 기다리고 있다고 확신했다.

한참 뒤에 천사가 입을 열었다.

"매리에타, 너는 길을 잃지 않았단다. 네 죄가 드러나고, 네 영혼의 진짜 모습이 밝혀져서 고통을 겪는 것은 맞지만, 어쩌면 이제 선하신 하나님이 주 예수님을 통해서 어떻게 구속을 예비하고 변화를 겪게 하시는지 알게 될 거야. 처음에 이곳에 도착했을 때 너는 스스로의 모습을 전혀 알지 못했지. 그냥 손님으로서 거룩하다고 인정받아서 보호받고 들어올 수 있었단다. 하지만 이곳이 너무 거룩해서 너의 내적인 삶이 밝혀지고 죄가 드러난 거야. 네가 고통스러워하는 것은 바로 그 때문이란다. 이제는 어째서 하나님이 비슷한 영혼들을 같은 장소에 배치하시는지, 선하고 악한 영혼들을 분리해두시는지 깨달았을 것이야. 악한 자가 맛보는 재앙은 늘어나지 않고 선한 자가 누리는 행복은 줄어들지 않는단다. 사도 요한이 가증한 일을 하는 자가 거룩한 도시에 들어갈 수 없다고 말한 것도 그 때문이지. 거룩하지 않은 영혼은 이 거룩한 성전과 도시에 결코 들어올 수 없단다. 마찬가지로 이 거룩한 곳의 거주자들은 하나님과 화해하지 않은 영혼들과 함께 어둠의 장소에서 지낼 수 없단다."

천사가 진지한 표정을 한 채 앞으로 몸을 굽혔다.

"매리에타, 이곳에서의 일을 통해 하나님의 선하심을 확인했을 거야. 아기들을 암흑의 공간에 보낸다면 그것은 의로운 창조자와 어울리지 않는 일이란다. 만일 상냥하고 순수한 본성의 아기들이 상처 입은 암흑의 거주자들과 함께 있게 된다면 무척 두려워할 거야. 순결한 아기들을 그런 식으로 대한다면 당연히 하나님을 정의롭게 생각하지 않을 거란다. 악한 영혼을 거룩한 곳으로 보내는 것 역시 자비하다고는 할 수 없지. 그곳이 밝고 선한 만큼 그들이 겪을 고통도 커지기 때문이지."

천사가 다시 등을 펴면서 말했다.

"그러니 네가 알고 있듯이 하나님은 지혜롭고 선하시단다. 이것은 성경의 말씀을 그대로 성취한 거란다. '불의를 행하는 자는 그대로 불의를 행하고 더러운 자는 그대로 더럽고 의로운 자는 그대로 의를 행하고 거룩한 자는 그대로 거룩하게 하라'(계 22:11). 달리 말하면 선한 영혼과 악한 영혼을 구분하라는 뜻이지. 불의한 자들과 의로운 자들은 서로 섞일 수 없으니 그 사이에 건널 수 없는 깊은 구렁 있다고 기록되어 있단다. 하나님에게 난 사람은 사랑으로 난 것이고, 사랑은 증오와 전혀 관계가 없단다. 악의 지배를 받는 사람은 누구나 하나님을 사랑하지 않는단다."

잠시 말을 그치더니 계속해서 말했다.

"인간들이 이것을 알기만 하면 그들은 악을 상대로 싸우면서 의로운 삶을 살 거야. 매리에타, 목격한 일들을 돌아보아라. 너는 상식을 사용하고 삶을 정리해야 한단다. 그렇지 않으면 더 심각한 일이 닥칠 거야. 네가 이곳과 어울리지 않는다는 깨달음보다 더 나쁜 일이란다. 세상으로 돌아가면 예수님을 신뢰해야 해. 예수님은 네가 이곳으로 돌아와서 행복을 누리게 할 수 있는 유일한 분이시란다."

천사의 지적은 화살처럼 내 가슴에 박혔다. 눈물이 흘렀다.

"매리에타, 눈물을 닦아라."

천사가 말했다.

"네 생명을 구원할 몸값은 이미 치렀단다. 치유의 샘이 있으니 거기서 너의 부정함을 씻을 수 있다. 그러니 용기를 가져라. 하나님의 자비는 한이 없어서 감옥에서 풀려나서 그분의 나라에 들어오고 싶어 하는 모든 이는 구속을 받는단다. 하늘나라에서 지내는 성도들이 구속자에게 감사의 찬양을 부르는 이유가 바로 그것이야. 그들은 밤이고 낮이고 변함없이 찬양한단다!"

이 말을 하던 천사가 나의 이마를 만지자 두 눈에 빛이 가득했다. 나는 용기와 힘을 회복하고 일어섰다.

천사가 말했다.

"이제 아기들이 배움의 성전에서 중앙에 있는 가르침의 건물로 옮겨졌단다. 그들의 노랫소리에 귀를 기울이거라."

아기들의 목소리가 널리 울리면서 위쪽으로 부드럽게 물결치면서 올라갔다. 아기들은 작은 무리를 이루고 있었지만, 나중에는 전체가 하나가 되었다. 아름다운 장면이었다. 찬송을 부르는 아기들에게서 거룩한 빛이 쏟아져 나오는 것 같았다.

여자로 보이는 영혼이 아기들 사이로 돌아다니고 있었는데, 아주 흰 옷차림을 하고 머리에는 보석으로 장식된 빛나는 관을 쓰고 있었다. 왼손으로는 책을 펼치고 오른손으로는 홀을 쥐고 있었다. 그녀는 아기들의 음성을 일일이 듣고 있었기 때문에 서로 어떻게 연결되고 전체 무리를 형성하는지 알고 있었다. 아기들은 그녀의 시범을 따르려고 자세히 지켜보았다. 지상에서 학생들이 선생님에게 배우는 모습과 같았다.

음악은 여러 개의 부분으로 구성되었지만 한결같이 화음을 유지했다. 아기들은 노래를 부르면서 손으로는 수금을 부드럽고 차분하게 연주했다. 덕분에 그들이 거룩한 사랑의 마음과 조화를 소유한 한 사람이 된 것 같은 확신이 점점 더 커졌다.

12.
잃어버린 자에 관한 교훈

이때 아기들의 성장 과정 가운데 일부를 보여주는 전혀 다른 장면이 등장했다. 그 이후에 벌어질 상황과 아기들에게 이런 특별한 장면을 보여준 이유를 이해하는 데 도움이 되도록 영의 세계에서 진행되는 교육 가운데 일부는 극화해서 제시한다는 것을 이해할 필요가 있다. 아기들에게는 과거 사건들을 가르치거나 중요한 원리를 설명하려고 진짜 같은 장면이 제시되었다.

영혼들은 이런 방식으로 교육을 받았다. 과학이나 예술에 대한 지혜, 도덕이나 영적인 법에 대한 지식, 그리고 복잡한 우주에 대한 이해가 없어도 가능했다. '극화'를 하면 아주 구체적이라서 아기들이 그것들을 수월하게 파악하고 제시되는 정보를 무리 없이 흡수할 수 있었다.

　이 과정에 활용되는 모든 것은 물론, 아주 기초적인 유아학교까지도 제대로 설명하는 것은 내 능력 밖이다. 글로 표현할 수 있다고 해도 그 모든 것을 담아내려면 여러 권의 책이 필요하다. 그 때문에 나는 그것을 요약하는 형식으로 압축할 수밖에 없다. 이 글을 읽는 이들은 이 정도의 선에서 만족해야 한다.

＊　＊　＊　＊　＊

　밝은 빛을 내던 둥근 지붕이 점차 어두워졌다. 거대한 도시의 윤곽이 어스름하게 보였다. 모든 것이 침묵에 잠기고, 무엇 하나 움직이는 게 없었다. 거대한 들판을 가로지르는 바람이 유일하게 그 순간의 정적을 깨뜨리고 있었다.

　잠시 그 장면이 멎고 나서 지상의 모습이 달빛을 받아 드러났다. 두텁고 어두운 구름 아래에 지하 동굴이 있었고, 그 동굴 안에 한 사내가 누워 있었다. 그는 심각한 상처를 입고서 죽어가고 있는 게 분명했다. 그는 고통을 줄여보려고 앞뒤로 움직였다. 모든 영혼이 그를 주목하고 있었다.

　사내가 간간이 발작적으로 몸을 움직여도 전혀 소용이 없었다.

그는 효과적이라고 믿는 약으로 고통을 해결하려고 애썼다. 그래도 별다른 소용이 없었다. 사실은 그럴 때마다 고통이 더욱 심해졌다. 그가 누워 있는 동굴은 심연에 둘러싸여 있었다. 몇 번이고 그것을 건너려고 노력했지만 실패했고, 그래서 결국에는 절망하고 포기했다.

힘을 잃고 무력해진 그의 주변으로 한 무리의 사람들이 모여들었다. 여인과 십 대, 그리고 어린이들이었는데, 가족이 분명했다. 그들은 슬퍼하면서 그를 도우려고 노력했다. 상처를 싸매고 머리를 들어 올리고 기력을 보충해주었다. 하지만 소용이 없었다.

더 가까이 다가가서 보니 그는 깊은 구렁 바로 옆에 누워 있었다. 그뿐만이 아니라 매 순간 눈에 보이지 않는 거부할 수 없는 힘에 이끌려가는 중이었다. 정말 긴장된 순간이었다. 아내가 다가와서 그의 윗몸을 붙잡고 버텨보려고 노력했다. 나머지도 함께 힘을 보탰지만 전혀 소용이 없었다. 오히려 심연으로 더 가까이 끌려갔다. 그가 앓는 병이 더할 수 없이 심해져서 마침내 죽음의 순간에 도달하자 의식을 잃고 말았다. 놀랍게도 사내로 보이는 사람이 그의 곁에 서 있었다. 그 즉시 사내의 영혼이라는 것을 알 수 있었다. 바로 사내의 몸을 빠져나온 상태였다.

영혼이 그곳에 서 있었지만 쓰러져 있는 몸과 여전히 연결되어 있고, 그것을 의지하는 것처럼 보였다. 영혼은 그를 닮았지만 모습은 훨씬 더 험상궂고 사나웠다. 나는 영적이고 도덕적인 질병이 끼치는 영향을 두 눈으로 직접 확인할 수 있었다.

그때 그의 육신은 미동도 하지 않았지만 영혼은 완벽하게 동작하면서 자신의 고통을 생생하게 표현할 수 있었다. 그는 도움을 청하듯이 위를 올려다보았다. 하지만 두터운 암흑의 구름이 그를 가로막았다. 그러자 그는 정신없이 주변을 살피면서 피할 곳을 찾았다. 하지만 그의 모든 노력은 수포가 되었고, 절망 속에서 포기하고 말았다.

그때 초점을 잃은 사내의 시선이 입을 크게 벌리고 있는 심연을 향했다. 그가 다시 몸서리를 치면서 벗어나려고 해도 소용이 없었다. 그 장면은 정말 소름이 끼쳤다. 고통스러워하면서 효과 없는 노력을 하다가 마침내 절망을 토로하는 모습은 말로 다 할 수 없을 정도로 비참했다.

그러다가 갑자기 사내의 영혼이 사라지더니 몸이 의식을 회복했다는 신호를 보냈다. 사내는 의식이 돌아왔지만 그의 몸은 또다시 엄청난 고통을 겪었고, 상태는 이전보다 더 나빠졌다.

하지만 얼마 되지 않는 사람들은 생명이 유지되는 것을 기뻐하면서 회복을 도우려고 애썼다. 문제는 사내의 육신과 영혼의 잃어버린 건강을 회복시키거나 고통을 누그러뜨릴 능력이 그들에게 없다는 것이었다.

그들이 이렇게 노력할 때 한 줄기 빛이 내려왔다. 그 빛이 너무 강렬해서 가족 모두의 영적 상태가 그 사내와 같다는 것이 곧장 드러났다. 결과만 분명하지 않을 뿐이었다. 그렇지만 그들이 맞게 될 최후의 운명은 아주 확실했다. 그들은 점차 자신들의 운명을 의식하고 목소리를 높여서 도움을 구했다.

갑자기 음성이 들려왔다. 왠지 내게 익숙했다.

"지금은 사람이 도울 수 있는 상황이 아니다. '구스인이 그의 피부를, 표범이 그의 반점을 변하게 할 수 있느냐?'(렘 13:23). 이미 죽어가는 나약한 자들이 또 다른 사람의 생명을 회복시킬 수 있느냐? 도움은 위로부터 임해야 하고, 그것 이외에는 달리 의지할 게 있을 수 없다."

그 장면이 모두 끝나자 천사가 아기들에게 내용을 설명했다.

"여러분이 본 어두운 곳은 지상이에요. 그곳에 있는 사람들은 육신이나 영적으로 아주 많은 질병에 시달리고 있어요. 하지만 그들은 자신을 구원할 수 없어요. 육신이 포기되었을 때 일어선 영혼은 죽지 않는 본성을 상징하는 거예요. 육신은 사라져도 이 불멸의 본성은 계속 살아남고, 실제로 이런 상태를 더 잘 느낄 수 있어요. 영혼이 절망한 것은 영적으로 타락하게 되면 죽음으로도 해결할 수 없다는 뜻이었어요."

천사의 설명은 계속되었다.

"가족은 인간의 동정을 가리키는 거예요. 사람들은 고통스러울 때 다른 이들에게 도움을 구하고, 그러면 더 큰 도움을 받게 되지요. 도움을 베푸는 사람들은 다른 이들의 어려움을 외면할 수 없어요. 이유와 상관없이 그들을 크게 동정하는 거예요. 그런 사람들은 인간적인 노력으로 세상에서 악을 제거하고 인류를 떠받들려고 하지요. 하지만 그들 역시 자신들이 도우려고 하는 이들과 마찬가지로 연약해서 완벽하게 성공할 수 없어요. 잠시 약간의 효과를 거둘 때도 있지만 결과는 다르지 않지요. 언제나 인류는 온갖 방법을 동원해서 이런 문제를 해결하려고 노력했어요. 그것을 위해 노력한 사람들은 결국 이런 기본적인 연약함 때문에 절망 속에서 포기하고 말았답니다. 모든 사람이 마침내 하나님께 돌아설 때까지 이런 일이 늘 반복될 거예요."

천사는 단호했다.

"그분은 우리가 어려움을 만날 때 의지할 수 있는 유일한 피난처랍니다. 사람은 사람을 도울 수 없다는 음성은 진리의 소리였어요. 진리는 사람들에게 진정한 모습을 보여주고 주 예수님에 의한 구원의 진리를 제시하지요."

그런 뒤에 천사의 시선이 어린아이들에게서 하늘 높은 곳으로 향했다. 그의 음성은 부드러우면서도 강했다.

"만물의 아버지, 당신의 영이 이 어린 영혼들을 일깨워서 알게 하소서. 저들이 죄의 결과와 놀라운 방식으로 구원하는 당신의 사랑을 보았으니 도움을 받게 하소서. 당신의 은혜를 베푸셔서 구속자가 구원하려고 했던 자들의 손에서 겪은 시련을 보게 하소서. 저들이 올바로 준비하게 하시어 천국에서 성장해서 당신의 영광이 훨씬 더 큰 사랑과 축복으로 드러나게 하소서. 당신은 저들을 천사들에게 맡기셨습니다. 천사들은 당신의 뜻대로 영광이 그들에게 나타나도록 기쁨으로 인도할 것입니다. 당신의 뜻이 이 천사들에게 나타나게 하시어 어린아이들의 영적 지혜가 자라나고 그들을 통해 사랑이 드러나게 하소서. 그리하면 그들이 당신의 이름을 영원히 높일 것입니다. 당신의 은총을 담당한 저희에게 당신은 전부가 되십니다."

수호천사와 돌봄을 담당한 천사들이 응답했다.

"영원토록 아멘, 영원토록 아멘."

그러자 그 소리는 하늘 전체를 울리고서 서서히 잦아들었다.

13.
베들레헴 이야기

잠시 조용해지더니 멀리서 소리가 들려왔다.

"이제 너는 하나님이 세상의 운명을 바꾸러 세상에 찾아왔을 때 일어난 사건들을 배우게 될 것이다."

* * * * *

하나님의 영광이 하늘을 비추더니 황금 수금을 연주하는 찬양대가 크게 노래를 불렀다.

"내가 온 백성에게 미칠 큰 기쁨의 좋은 소식을 너희에게 전하노라. 오늘 다윗의 동네에 너희를 위하여 구주가 나셨으니 곧 그리스도 주시니라. 지극히 높은 곳에서는 하나님께 영광이요 땅에서는 하나님이 기뻐하신 사람들 중에 평화로다"(눅 2:10-11,14).

희미하게 빛을 발하는 베들레헴이 눈에 들어왔다. 이곳은 구속자가 태어난 곳이었다. 아기들의 낙원과 비교하면 무척 대조적이었다. 어린아이들은 영광스럽고 거룩한 삶을 살았고, 천사들의 도움을 받고, 구속자의 축복을 누리고, 천국 찬양대의 환영을 받았다. 그들은 지금 놀라운 사건, 나사렛 예수의 탄생을 지켜보았다. 아주 극명하게 대조적이었다.

예수! 말로는 다할 수 없는 하나님의 선하심과 사랑이 그를 통해 계시되었다. 하지만 여기에서 그는 어머니 마리아의 품 안에 안겨있는 아기였다. 어린아이들과 천사들 모두 그가 태어난 초라한 환경을 지켜보면서 커다란 감동을 받았다.

잠시 침묵이 흐르더니 한 천사가 말했다.

"이곳이 바로 자신의 영광으로 이 성전을 밝히는 구속자가 태어난 곳입니다. 그분은 여러분을 위해서 이렇게 낮은 모습을 취하셨습니다. 그래서 여러분은 그분의 은총을 의지하고 구속의 법에 순종하기만 하면 하늘나라에서 거할 수 있게 되었습니다."

"우리는 그분을 영원히 경배하겠습니다."

가장 높은 수호천사가 말하자 어린아이들이 그대로 따라 했다.

"우리는 그분을 영원히 경배하겠습니다."

그런 뒤에 또다시 모두 침묵했다.

마리아에게 장면이 집중되었다. 그녀는 가까이 있는 요셉에 기댄 채 쉬면서 아기를 부드럽게 품에 안고 있었다. 부근에는 몇 명의 이스라엘 사람들이 서서 아기와 어머니에게서 시선을 떼지 않았다. 그들 주변에는 인간의 눈으로는 볼 수 없는 천사들이 무수히 많았다. 그들은 왕관을 손에 들고, 수금은 발 앞에 내려놓았다. 영광의 구름이 그들 위에서 멈추더니 음성이 들려왔다.

"너는 내 사랑하는 아들이라."

천사가 다시 말했다.

"오늘날, 인간에 대한 하나님의 사랑이 나타났습니다. 인간은 죄를 범하고 타락했지만 이제 구원이 찾아왔습니다. 여러분은 타락한 사람들의 운명을 말하는 자리에 정의와 자비가 들어오는 것을 보게 될 것입니다. 정의는 죄를 반대하면서 하나님의 공의가 세워지도록 주장할 것입니다. 반면에 자비는 죄 때문에 계속해서 고통을 겪는 죄인을 대신해서 호소할 것입니다."

"우리를 구원하시는 하나님을 무릎 꿇고 경배합시다."

수호천사의 대표가 말했다.

어린아이들이 응답했다.

"구세주의 탄생을 경배하는 게 마땅합니다. 하늘에서 모두 이렇게 예배해야 합니다."

예배자들의 모습을 생각하고 있는데 수호천사가 말했다.

"이제 모두 일어나세요. 보세요, 장면이 바뀌고 있습니다."

눈을 들어서 더 높은 하늘을 올려다보며 말을 계속했다.

"아버지, 우리를 도우셔서 천국이 우리에게 계시하는 내용을 이해할 수 있게 하소서. 그리하여 당신의 사랑을 깨닫고 당신의 뜻을 영원히 실천하도록 준비하게 하소서."

수호천사들의 인도를 받는 어린아이들이 한꺼번에 응답했다.

"아멘."

14.
논쟁하는 정의와 자비

밝게 빛나는 구름이 아기들의 성전 위에 멈췄다. 구름으로부터 어떤 강력한 존재가 내려왔다. 그는 아주 강한 힘을 갖고 있었다. 그의 당당한 이마에는 정의라는 이름이 새겨져 있고 최고의 권위를 갖고 있었다. 강력한 힘과 지위 때문에 한마디면 세계가 도망치고 영원히 법이 사라질 것만 같았다.

목적을 갖고 걷는 걸음으로 그는 높은 봉우리들이 푸른 하늘로 높게 치솟은 거대한 산들에 둘러싸인 어둑어둑한 계곡으로 나갔다. 목표 지점에 가까이 가자 어두운 구름이 산으로 내려앉았다. 무시무시한 불빛이 그 주변에서 번쩍였다. 불의 바다에서 전기가 샘솟는 것 같았다. 엄청난 천둥소리가 거대한 언덕을 바닥부터 흔들었다. 불과 연기와 폭풍이 모두 미친 것 같았다. 그 장면은 설명하기가 쉽지 않을 정도였지만, 정의는 계속해서 앞으로 나갔고 번개가 왕관처럼 그의 머리를 휘감았다.

그다음에 파괴라는 낱말이 나타났다. 번갯불로 만들어진 글자들이 구름에 비치면서 천둥소리가 났다. 강력한 진동이 땅을 흔들었다. 엄청난 장면이 절정에 도달했을 때 산 밑에 깔린 구름의 아래쪽에서 절망적인 음성이 들렸다.

"우리를 구원해주세요! 전혀 희망이 없나요?"

강력한 천둥소리가 산 주변으로 퍼졌다.

"희망은 없다."

정의는 계속해서 앞으로 나갔다.

"희망은 없다."

그가 강력한 손을 들면서 반복했다.

"희망은 없다. 희망은 없다."

격렬하게 반응하고 있는 것들이 새된 소리로 그것을 반복했다.

"우리는 희망 없이 죽어가고 있습니다."

울부짖는 소리였다. 이제는 기력이 더 약해졌다.

"우리는 죽어가고 있습니다. 누가 도와줄 수 없나요?"

순간적으로 내가 이미 만났던 불쌍한 이들을 다시 보게 되었다. 여인이 몸을 떨면서 엎드러진 사내 쪽으로 몸을 숙였다. 마치 폭풍을 가려주려는 것처럼 보였다. 그런데 정의가 강력한 손을 들자 뒤로 쓰러지면서 소리를 높였다.

"우리는 길을 잃은 거예요! 희망이 없어요! 구렁 속에서 죽게 될 거예요!"

정의는 쉬지 않고 계속해서 앞으로 나갔다. 쓰러진 사내를 잘게 부수고 단번에 날려버릴 기세였다. 사내는 이제 떨리는 손으로 기도하고 있었고 주변에는 그의 가족들이 쓰러진 채 무력하게 호소하고 있었다.

"너는 계속해서 율법을 어겼다. 그것을 우습게 여겼으니 고통을 겪게 될 것이라고는 생각하지 않았느냐? 율법과 맞서면 멸망하게 된다는 것은 알지 못했느냐? 이제 그때가 되었다."

정의의 목소리가 잦아드는 순간, 거대한 빛이 비치면서 눈 부신 빛을 내는 구름이 급히 내려왔다. 구름으로부터 또 다른 존재가 모습을 드러냈다. 그녀의 이름은 자비였고 모습은 정의와 정반대였다. 온순함 그 자체였다. 그녀는 쓰러진 사람들을 향해서 나아가고 있는 정의를 가로막았다.

"어째서 서두르시나요?"

자비가 따져 물었다.

"이 죄인이 어째서 멸망해야 하나요? 희망은 없나요?"

정의는 하늘이 흔들릴 정도의 음성으로 말했다.

"이런 자는 희망이 없소!"

그가 입을 열자 별들이 떨리고 땅이 진동하면서 요동했다.

"타락한 세계는 희망이 존재할 수 없는 것이오!"

정의는 여전히 앞으로 다가가면서 내려칠 자세를 취했다.

죄인을 막 치려고 할 때 자비가 다시 말했다. 그녀는 피 흘리는 사람 쪽으로 몸을 굽힌 채 왼손으로 정의의 가슴을 밀어냈다. 정의의 팔을 막아낸 그녀가 얼굴을 들고서 하나님을 불렀다.

"오, 하나님! 당신의 보좌는 영원합니다. 당신의 말씀은 무궁합니다. 당신의 시간은 무한합니다. 하나님, 당신은 거룩합니다. 당신의 보좌가 위치한 기초는 의롭습니다. 영광스러운 영원한 언덕과 든든하고 안전한 하늘의 하늘에는 빛나는 그룹들이 모여 있습니다. 하나님, 여기에 죄에 빠진 사람이 있습니다. 우리는 그가 당신의 규칙을 가벼이 여기고, 당신의 법을 어기고, 당신의 심판에 도전했다는 것을 알고 있습니다. 하지만 하나님, 당신은 그를 영생할 수 있는 영적 존재로 창조하셨습니다. 이성적인 존재이니 책임이 큽니다. 그는 이제 죄 때문에 바닥을 알 수 없는 심연의 끝에 누웠습니다. 떨어지면 영원히 고통과 슬픔을 벗어날 수 없습니다. 나의 이름은 자비입니다. 자비는 당신의 속성입니다. 하나님, 정의와 자비는 모두 당신의 것입니다! 영원한 분이시여, 당신의 사랑을 내려주소서!"

그녀가 정의를 돌아보았다.

"그리고 그대 정의여, 이 타락한 이를 살려주세요! 제가 죄를 범하고 자신의 영원한 축복을 싼값에 팔아치웠더라도 구해주세요!"

그러면서 자비는 머리를 숙인 채 결정을 기다렸다.

그때 구름 사이에서 음성이 들려왔다.

"자비여, 너는 죄인을 위해 호소했고 하늘나라가 전체가 네 말을 들었다. 정의여, 집행을 연기하여라. 자비여, 죄인을 위한 몸값을 구할 수 있느냐?"

지켜보던 천사 하나가 크게 대답했다.

"하나님이 세상을 이처럼 사랑하사 독생자를 주셨습니다(요 3:16). 그분이 몸값을 치르고 죄를 담당하셨습니다."

잠시 멈추더니 어떤 여인이 다가왔다. 예수님의 어머니 마리아였다. 그녀는 죽어가고 있는 사내 옆에 있는 자비로 몸을 굽히면서 아기를 내밀고, 경건하게 구름을 올려다보았다.

구름에서 음성이 계속해서 들려왔다.

"이는 내 사랑하는 아들이다. 내가 그를 기뻐한다. 기록된 것처럼 '상한 갈대를 꺾지 아니하며 꺼져가는 심지를 끄지 아니하기를 심판하여 이길 때까지 하리니 또한 이방들이 그의 이름을 바라리라 함을 이루려'(마 12:20-21) 한다."

그러자 정의가 대답했다.

"당신의 아드님은 시험을 받고 이겨내시지 않았습니까? 기록된 대로 그분은 성문 밖에서(히 13:12) 고난을 겪으시지 않았습니까? 그분이 죽음을 정복하시지 않았습니까? 그분은 그릇된 마음을 변화시킬 수 있지 않으십니까? 그분은 죽음의 소용돌이로 내려가서 구렁으로 흘러가는 강력한 흐름을 멈출 수 있지 않으십니까?"

자비가 곧게 서서 유순한 성격과는 반대로 담대하게 말했다.

"정의여, 당신이 찾는 대답이 바로 여기에 있습니다."

장면은 예루살렘의 올리브 산으로 바뀌었다. 그곳에 예수님이 있었다. 하늘을 바라보면서 그가 말했다.

"오, 하나님! 성경에 기록된 대로 하나님의 뜻을 행하러 왔나이다"(히 10:7).

예수님이 말씀하자 장애가 있는 수많은 이가 앞으로 모습을 드러냈다. 그들은 인간의 온갖 고통과 부패에 시달리고 있었다. 그가 불쌍히 여기면서 말했다.

"누구든지 목마르거든 내게로 와서 마시라"(요 7:37).

그러자 또 다른 음성이 들렸다.

"이분이 바로 예수님이시다. 다윗의 자손, 이스라엘의 희망, 밝은 새벽별, 그리고 의의 태양이시다. 구속의 영광으로 빛나는 진리이시다. 멸망을 앞둔 자들이여, 그분을 의지하라! 너희를 구속하러 찾아오셨다."

비참한 모습으로 죽어가고 있는 사내가 다시 눈에 들어왔다. 그는 이야기를 들었지만 마음이 무디고 무거웠다. 그는 무슨 말을 들었는지 거의 이해하지 못했지만 도움이 가능한지 알려고 위쪽을 올려다보았다. 올리브 산에 서 있던 예수님이 내려와서 허리를 숙인 채 말했다.

"무엇을 바라느냐?"

사내가 대답했다.

"구원을 받으면 좋겠습니다!"

예수님이 말했다.

"잃어버린 자를 찾아 구원하려고 내가 온 것이다"(눅 19:10).

그러자 정의가 자비에게 또다시 말했다.

"몸값은 어디에 있는가?"

"몸값은 예수님입니다."

그녀가 응답했다.

"하나님의 어린 양 그분이 세상의 죄를 짊어지셨습니다!"(요 1:29)

예수님이 다시 말했다.

"이 때문에 내가 세상을 찾아온 것이다."

"그렇습니다."

천사 하나가 앞으로 나섰다.

"그리고 주님이 채찍에 맞음으로 죄인들이 나음을 입었습니다."

"그런데 그분이 갈등을 해결하시지 않았소?"

포기하지 않은 정의가 자비 쪽으로 돌아섰다.

"그대는 죄인의 주장을 내세우면서 예수님을 몸값으로 제시했소. 하지만 이걸 알아두시오. 이 '구속자'가 죄와 죽음과 맞서 이길 때까지는 그분이 타락한 자를 구하실 수 없소. 그래도 저 사내의 구원을 바라시오?"

"물론입니다."

자비가 대답했다.

"그래서 내가 이 일에 끼어든 것이지요."

15.
배반자 유다

장면이 또 다른 곳으로 바뀌었다.

다음의 사건들을 설명하는 게 쉽지 않다는 것에 대해서 먼저 이해를 구한다. 나의 언어는 이 설명에 전혀 어울리지 않는다.

내가 보니 예수님은 친구들과 함께 어느 식탁에 앉아 있었다. 그들 가운데 하나가 그에게 기대서 귀를 기울이고 있었다. 그들의 시선은 모두 예수님께 쏠려 있었고, 그가 "내가 진실로 너희에게 이르노니 너희 중의 한 사람이 나를 팔리라"(마 26:21)고 말씀하자 모두 슬퍼했다.

그런 뒤에 그는 빵을 들고 축복하고서 조각으로 쪼갰다. 그리고 빵을 나눠주면서 말했다.

"받아서 먹으라. 이것은 내 몸이니라"(마 26:26).

그리고 포도주잔을 들고 하나님께 감사하고 나서 전해주며 이렇게 말했다.

"너희가 다 이것을 마시라. 이것은 죄 사함을 얻게 하려고 많은 사람을 위하여 흘리는 바 나의 피 곧 언약의 피니라. 그러나 너희에게 이르노니 내가 포도나무에서 난 것을 이제부터 내 아버지의 나라에서 새것으로 너희와 함께 마시는 날까지 마시지 아니하리라"(마 26:27-29).

엄숙한 분위기는 천사의 우레 같은 음성이 들리자 깨졌다.

"인자는 자기에 대하여 기록된 대로 가거니와 인자를 파는 그 사람에게는 화가 있으리로다. 그 사람은 차라리 태어나지 아니하였더라면 제게 좋을 뻔하였느니라"(마 26:24).

"그 사람에게는 화가 있으리로다"라는 말 때문에 분위기가 침울해졌다.

"그 사람은 차라리 태어나지 아니하였더라면 제게 좋을 뻔하였느니라. 그 사람에게는 화가 있으리로다. 화가 있으리로다."

그 외침은 무수히 반복되었고 모든 것이 두려워 떨었다.

식탁에서 일어난 작은 무리가 엄숙한 찬송을 부르면서 자리를 떴다. 그들이 떠날 때 보니 그들 가운데 하나가 눈에 안 띄게 조용히 빠져나왔다. 그의 발걸음은 아주 급했고 얼굴에는 갈등이 역력했다. 증오의 불길이 타오르고 있었다. 나는 궁금했다. 어째서 그가 그렇게 갑자기 변했는지 이해할 수 없었다. 불과 잠시 전에 그는 친구들과 자리를 함께했고, 예수님이 자신이 배반당할 것을 말씀하자 모두가 슬퍼하면서 그가 자신들을 떠날까 봐 두려워했다.

예수님은 충고와 안전을 구하던 대상이었다. 그들은 그를 의지했고 희망을 품었다. 그런데 그가 자신이 떠날 것과 그들 가운데 하나가 배신할 것이라고 말씀할 때는 재앙 그 자체였다. 그들이 크게 불안해하면서 묻는 소리가 들렸다.

"주여, 저는 아니지요? 주여, 저는 아니지요?"

예수님이 다가오는 이별을 길게 설명했다.

"조금 있으면 너희가 나를 보지 못하겠고 또 조금 있으면 나를 보리라. 내가 이 말을 하므로 너희 마음에 근심이 가득하였도다. 그러나 내가 너희에게 실상을 말하노니 내가 떠나가는 것이 너희에게 유익이라. 내가 떠나가지 아니하면 보혜사가 너희에게로 오시지 아니할 것이요 가면 내가 그를 너희에게로 보내리니 내가 너희를 고아와 같이 버려두지 아니하고 너희에게로 오리라."

그가 계속해서 말했다.

"너희는 마음에 근심하지 말라. 하나님을 믿으니 또 나를 믿으

라. 내 아버지 집에 거할 곳이 많도다. 그렇지 않으면 너희에게 일렀으리라. 내가 너희를 위하여 거처를 예비하러 가노니 가서 너희를 위하여 거처를 예비하면 내가 다시 와서 너희를 내게로 영접하여 나 있는 곳에 너희도 있게 하리라. 조금 있으면 세상은 다시 나를 보지 못할 것이로되 너희는 나를 보리니 이는 내가 살아 있고 너희도 살아 있겠음이라. 내가 진실로 진실로 너희에게 이르노니 너희는 곡하고 애통하겠으나 세상은 기뻐하리라. 너희는 근심하겠으나 너희 근심이 도리어 기쁨이 되리라. 지금은 너희가 근심하나 내가 다시 너희를 보리니 너희 마음이 기쁠 것이요 너희 기쁨을 빼앗을 자가 없으리라. 이것을 비유로 너희에게 일렀거니와 때가 이르면 다시는 비유로 너희에게 이르지 않고 아버지에 대한 것을 밝히 이르리라"(요 14:1-3,19, 16:20,22,25).

작은 무리는 예수님이 작별을 미리 설명하면서 했던 격려의 말을 수긍하면서도 그와 헤어진다는 것 때문에 상당한 충격을 받았다. 그들은 그를 사랑했다. 그 사랑은 당연하였다. 그의 말씀은 더할 수 없이 선했고, 행동은 거룩한 사랑과 아버지 같은 보살핌이 가득해서 어느 누가 그를 배신할 수 있을지 궁금할 정도였다.

내가 이런 것들을 골똘히 생각하고 있을 때 천사들이 아기들을 가르치기 시작했다.

"선과 악이 저렇게 대조적이지요. 주님과 유월절 식사를 함께 한 사람들은 그분의 제자들입니다. 주님은 때가 된 것과 누가 배신할지 알고 있어서 그들에게 시험과 이후에 벌어질 일들을 준비시켰어요. 은밀하게 빠져나간 사람은 가룟 유다입니다. 그는 은돈 서른 개 때문에 주님을 배신했지요. 우리는 계속되는 이 장면들 속에서 타락한 사람을 움직이는 선과 악이라는 커다란 두 개의 원리를 볼 수 있어요. 앞으로 벌어지는 이야기를 통해서 분명히 알게 될 거예요."

계속해서 유다가 등장하더니 제사장들과 이스라엘의 장로들이 모인 회의장으로 향했다. 그들은 예수님을 잡아서 비난을 퍼붓고 모욕하고 나서 살해할 음모를 꾸몄다.

그런데 유다는 전혀 다른 사람이 되어 있었다! 마지막 저녁 식사 이후로 그의 영혼은 극적으로 달라졌다. 그의 얼굴은 분노로 일그러졌고 악의와 적대감이 가득했다.

그의 머리 위가 흐릿하게 빛나고 있어서 악령의 무리가 그를 채근한다는 것을 알 수 있었다. 악령들은 평화의 파괴자이며 악령의 우두머리가 되는 그들의 주인, 사탄의 악한 모습을 그대로 보여주고 있었다. 사탄은 범죄를 선동하고, 선하고 옳은 일은 무엇이든지 반대하고, 사람들의 영혼을 자신에게 끌어들였다. 그래서 이 악령들은 사악하고 지독한 시험들을 쏟아냈고, 유다에게는 인자에 대한 증오심을 가득 불어넣었다.

유다가 회의장으로 들어오자 제사장들이 자리에서 일어섰다. 그들은 악의에 찬 웃음으로 맞아주었고 대제사장이 말을 건넸다.

"유다, 어서 오시오. 당신은 언제든지 선한 편에 선다는 것을 직접 입증했소. 당신은 하나님의 오래된 성전과 모세의 법과 이스라엘 민족의 친구요. 우리는 당신과 소위 유대인의 왕이라는, 예수라는 사내와 대화를 나누고 싶소. 당신은 그와 막역했던 것으로 알고 있소. 근거 없는 교훈을 일삼았으니 죽어 마땅하오. 그는 이 사랑스러운 예루살렘, 하나님이 특별히 사랑하는 이 도시를 파괴하려고 하고, 심지어 위대한 성전이 파괴될 것이라고 예언했소!"

제사장의 음성이 높아졌다.

"그 자는 지도자인 우리의 권위를 무시하고 율법과 전통을 바꾸고, 여호와의 왕국을 파괴하고 자신의 나라를 세울 속셈이오. 자신을 하나님이라고 부르기까지 하고 말이오! 그는 하늘에 계신 분을 모독하고 영원한 분의 보좌를 비웃었소!"

대제사장은 더 흥분해서 이리저리 오가면서 급하게 말을 쏟아냈다.

"그는 우리를 외식하는 자, 눈먼 인도자라고 불렀소. 하나님이 직접 오른손으로 우리를 이스라엘의 교사로 삼았는데도 말이지! 그 자는 우리가 왕국의 열쇠를 가진 제사장이라는 것을 인정하면서도 들어오려고 하는 사람들을 들어오지 못하게 가로막고 있다고 감히 주장했소. 우리가 타락해서 권력을 사랑하기 때문에 그렇게 한다는 것이지.”

그의 얼굴이 붉어졌다.

“우리가 죄악을 사랑해서 영원한 생명을 누리지 못할 것이라고 말했소. 그런 자는 죽어 마땅하오!”

함께 있던 모두가 주먹을 흔들며 한 음성으로 동의를 표했다.

“그는 잘 속고 무지한 자들과 성전에 만족하지 못하는 자들을 유혹하고 있소.”

제사장이 계속해서 말했다.

“그리고 이상한 능력으로 기적을 일으켜서 더 괜찮은 일을 해야 할 사람들을 속였소. 그들은 얼마 지나지 않아서 그 자의 진짜 모습을 보게 될 것이오.”

그는 곁눈질로 유다를 바라보았다.

“처음으로 그를 드러내서 사람들 앞으로 끌고 갈 수 있게 하는 사람은 충분히 보상을 받게 될 것이오. 나라 전체가 이 사람을 크게 떠받들고 영원히 축복을 누리게 될 것이오.”

동료 제사장들이 동의의 뜻으로 고개를 주억였다.

유다에게 그런 사람이 되고 싶다는 생각을 불어넣는 데는 이것으로도 충분했다. 그래서 그는 앞으로 나가서 자신의 주인을 제사장이 조직한 집단의 손에 넘기겠다고 제안했다. 그가 유일하게 요구한 조건은 전부터 그럴 생각을 하고 있던 것처럼 보이게 해달라는 것이었다. 노력의 대가로 은돈 서른 개를 요구했다.

저녁이었다. 내가 보니 예수님은 제자 셋과 함께 천천히 걷고 있었다. 그의 얼굴에는 슬픔이 가득했다. 그들이 멈추자 예수님이 입을 열었다.

"내 마음이 매우 고민하여 죽게 되었으니 너희는 여기 머물러 나와 함께 깨어 있으라. 시험에 들지 않게 깨어 기도하라. 마음에는 원이로되 육신이 약하도다."

그런 뒤에 그는 조금 떨어진 곳에서 바닥에 엎드렸다. 차가운 바닥에 엎드린 채 그는 말할 수 없는 고통 속에서 더욱 간절하게 기도했다. 그가 흘리는 땀은 핏방울같이 땅으로 떨어졌다.

그의 머리 위로 하늘이 열리고 수많은 천사가 나타났다. 그들은 얼굴을 가린 채 겟세마네 동산 쪽으로 허리를 숙였다. 모두가 슬픔의 침묵 속에서 주님, 인간이 된 하나님, 그리고 성경에 "기묘자라, 모사라, 전능하신 하나님이라, 영존하시는 아버지라, 평강의 왕이라"(사 9:6)고 기록된 그리스도의 고난을 지켜보았다.

구름이 하나 내려와서 구세주 위에 머물렀다. 정의와 자비가 그 안에서 숨을 죽이고 그 모습을 지켜보고 있었다.

잠시 뒤에 구세주가 기도했다.

"내 아버지여 만일 할 만하시거든 이 잔을 내게서 지나가게 하옵소서. 그러나 나의 원대로 마시옵고 아버지의 원대로 하옵소서"(마 26:39).

그때 자비가 정의에게 말했다.

"이것이 바로 몸값이에요."

예수님이 한 번 더 기도했다.

"내 아버지여 만일 할 만하시거든 이 잔을 내게서 지나가게 하옵소서. 그러나 나의 원대로 마시옵고 아버지의 원대로 하옵소서."

그러자 천사가 하늘에서 내려와서 그의 곁에서 힘을 더했다.

자비가 정의에게 말했다.

"보세요, 희생제물이 여기에 있어요."

예수님이 돌아오자 제자들은 잠에 빠져 있었다. 그가 말했다.

"이제 자고 쉬어라."

그리고 돌아섰다.

"보라. 때가 가까이 왔으니 인자가 죄인의 손에 팔리느니라!"

나를 안내하는 천사가 말했다.

"너는 지금 예수님이 보여주신 최고의 겸손과 복종을 목격했단다. 그분은 인류를 사랑해서 인간의 문제를 짊어지셨지. 이 사랑의 능력 덕분에 그들은 수모를 감당해내고 의와 평강의 본향인 하늘나라에 거할 수 있는 거란다. 그런데 매리에타, 이제는 다른 것을 보게 될 것이야. 다음 장면은 사람들의 마음이 얼마나 타락했는지 생생하게 보여줄 것이란다."

내 밑으로 떠들썩한 무리가 등장했다. 어둡고 거칠고 소란하게 다투는 소리가 가득했다. 시끄러운 소리가 들리더니 흥분한 무리가 떠들어댔다.

"어디서 그 자를 찾지? 유다, 서두르게! 자네가 안내하는 게 아닌가! 그가 숨은 곳으로 가세. 시간이 자꾸 지체되고 있어. 지도자들이 그 죄인을 끌고 오라고 하잖나. 그는 죽을 신세야."

"물론! 그는 죽어야 해!"

무리가 떠들어댔다. 그들은 서둘러서 예수님과 제자들에게 갔지만 길에 걸려 있는 구름이 둘러쌌다.

나는 두려워서 안내하는 천사에게 물었다.

"저 사람들은 누구죠? 어디로 가는 거예요? 저들은 어째서 저렇게 흥분하고 공격적일까요? 누구를 두고 하는 말인가요?"

"저들은 유대 제사장들과 장로들이 보낸 병사들이란다."

천사가 대답했다.

"예수님께 보복하도록 보낸 것이지."

"그렇다면 예수님의 어떤 모습 때문에 저렇게 흥분한 건가요?"

나도 모르게 목소리가 높아졌다.

"한둘이 아니야. 예수님은 하나님의 자비의 때가 닥쳤다는 것을 전하면서 세상에 자신의 사명을 알리셨단다. 눈먼 사람을 보게 하고 듣지 못하는 사람을 듣게 하셨지. 병자를 치료하고, 죽은 자를 일으키고, 애통해하는 이를 위로하고, 무지한 자를 가르치셨단다. 하나님의 자비를 거절하는 이들에게 하늘과 땅의 창조주를 권위 있는 법의 제정자, 하늘 아버지, 그리고 구속자로 인정하도록 주장하셨단다."

"그게 그분을 죽이려고 했던 이유라고요?"

나는 믿을 수 없어서 물었다.

"분명히 저들과 다투었을 거예요."

천사가 대답했다.

"예언자 이사야가 예수님에 관해서 기록한 성경 말씀을 읽지 않았느냐? '보라. 내가 택한 종 곧 내 마음에 기뻐하는 바 내가 사랑하는 자로다. 내가 내 영을 그에게 줄 터이니 그가 심판을 이방에 알게 하리라. 그는 다투지도 아니하며 들레지도 아니하리니 아무도 길에서 그 소리를 듣지 못하리라'(마 12:18-19). 예수님은 그들과 다투신 적이 없었단다. 그분은 육신으로 나타난 하나님이지만 사람들이 범죄자처럼 죽이려고 하는 것이야."

천사가 말하고 있는 동안에도 검과 몽둥이로 무장한 병사들이 유다의 안내를 받아서 예수님과 제자들에게 다가가고 있었다. 유다의 머리 위에 강력한 암흑의 천사가 눈에 띄었다. 그것으로부터 흐릿한 유황불이 흘러나와서 유다를 감쌌다. 그러자 그의 신경이 불처럼 타올랐다.

유다는 거침없이 예수님에게 다가가서 입맞춤으로 인사를 건넸다.

그런데 예수님은 그의 배반을 잘 알고 있어서 이렇게 말했다.

"친구여 네가 무엇을 하려고 왔는지 행하라"(마 26:50).

예수님이 무리를 돌아보면서 말했다.

"너희가 강도를 잡는 것같이 칼과 몽치를 가지고 나를 잡으러 나왔느냐. 내가 날마다 성전에 앉아 가르쳤으되 너희가 나를 잡지 아니하였도다"(마 26:55).

그가 제자들을 가리켰다.

"너희에게 내가 그니라 하였으니 나를 찾거든 이 사람들이 가는 것은 용납하라. 내가 세상에 온 것은 바로 이 때문이다."

무리 가운데 하나가 소리 질렀다.

"'내가 세상에 온 것은 바로 이 때문이다'라는 말이 무슨 뜻입니까?"

예수님이 대답했다.

"나는 세상을 구원하고 나를 미워하고 공격하는 이들까지 믿음과 회개로 용서와 영생을 누리게 하려고 온 것이다. 나는 너희들에게 나를 맡기지만 나의 제자들은 해를 입힐 수 없다."

또 다른 사내가 조롱했다.

"당신은 우리의 죄수라고! 우리가 당신을 재판정으로 끌고 가면 누구도 도울 수 없어. 그런데 어떻게 '나의 제자들은 해를 입힐 수 없다'라고 말할 수 있지?"

바로 그때 제자들이 흩어져 달아났다. 예수님만 병사들의 손에 붙잡혀 있었다. 그러자 그들은 예수님을 재판정으로 데려갔다. 제자들 가운데 하나가 멀찍이서 그들을 좇았다.

16.
마침내 몸값을 치르다

이 무서운 장면이 사라지자 천사들과 어린아이들 쪽으로 눈길을 돌렸다. 그들은 지금 그 어느 때보다 정서적으로 큰 충격을 받은 것처럼 보였다. 내가 물었다.

"천국과 같은 곳에서 어떻게 슬퍼할 수 있는 거죠? 천사들도 울 수 있나요?"

그러자 음성이 들렸다.

"매리에타야, 좋은 질문이다. 하지만 천사들도 감정을 느낄 수 있단다. 천국의 그 누가 죄인들이 구세주를 배신하는 것을 보고 슬퍼하지 않겠느냐?"

수천의 목소리가 터져 나왔다. 한꺼번에 외치는 소리 때문에 일부는 들리지 않았다.

"그래요! 이것을 보고 어떻게 가만히 있을 수 있나요?"

"죄 없이 고통당하는 분을 보세요."

"보세요! 저들이 주님을 계속 때리고 있어요."

"조롱하고 있어요."

"비웃어요."

"정말 잔악해요!"

"정신을 차리고 보세요! 사람들이 예수님을 증오하고 외면하고 있어요!"

음성이 잦아들자 또 다른 소리가 들렸다.

"보세요, 가장 높은 하늘 위에서 천사들이 내려오고 있어요."

무리 위쪽으로 수많은 천사가 보였다. 그들은 종려가지를 손에 들고 머리에는 관을 쓰고 있었다. 그들이 가까이 다가오자 밝은 빛이 퍼지면서 곳곳을 비추었다. 빛이 너무 강렬해서 자리에 앉아 있는 천사들도 직접 바라볼 수 없을 정도였다. 그 빛 덕분에 나의 못난 모습이 모두 드러나서 몸을 숨기고 싶었지만, 그 거룩한 빛을 피할 곳은 어디에도 없었다. 달려가고 싶어도 불가능했다. 나는 생각에 잠겼다. 이것이 가장 높은 수준의 하늘나라를 맛보는 것이라면 죄를 지은 사람들이 그곳에 가는 것을 기대나 할 수 있을까? 어쩌면 그 빛에 타버릴 수도 있었다.

이런 생각에 빠져 있다가 겨우 정신을 차려보니 그룹 가운데 하나가 말하고 있었다.

"천사들, 그와 비슷한 영혼들, 고귀한 천국의 거주자들이여! 우리는 주님을 마땅히 경배한다. 더할 수 없는 마음으로 머리를 숙이라. 보라! 모든 천사가 즐거이 그분을 찬양한다! 그분은 경배를 받아 마땅한 분이다! 그분을 찬양하라! 주님, 곧 세상의 구속자인 그분을 찬양하라! 악한 자들이 그분을 조롱하고 왕으로 모시는 시늉을 하고 있지만, 경외의 심정으로 진정으로 그분을 예배하라."

모두가 아무 말 없이 경배하는 동안에 사내들은 급히 예수님을 재판정으로 데려갔다.

천사들이 그분을 육신으로 나타난 하나님이라고 선포할 때 나는 그분이 자신을 죽이려고 하는 사람들을 강력한 능력으로 물리치지 않는 이유가 궁금했다. 무수하게 많은 천사에 대해서도 궁금하기는 마찬가지였다. 그들 가운데 하나라도 움직이면 주님을 끌고 가는 자들을 모두 끝내버릴 수 있었다. 어째서 가만히 있는 것일까?

내 생각을 알아차린 천사가 말했다.

"주님은 죄인을 찾아서 구원하러 오신 것이지 멸하려고 오신 것이 아니란다. 저 악한 사람들의 비웃음을 감당하는 것은 죄인들을 위한 몸값이 되시기 위함이다. 주님은 이렇게 성경의 예언을 성취하시는 거란다. '상한 갈대를 꺾지 아니하며 꺼져가는 심지를 끄지 아니하기를 심판하여 이길 때까지 하리니'(마 12:20). 그분은 무력한 사람들을 어찌 하지 않고 사람의 생명을 빼앗지 않는다는 뜻이다. 그분의 사명은 구속이지, 심판이나 처형이 아닌 거란다."

그때 부르짖는 소리가 들렸다. 그것은 많은 물이 흐르는 소리와 비슷했다.

"땅이여, 경외하라! 너희의 죄가 아무리 크더라도 구속자는 너희를 위해서 자기 목숨을 내어놓는다. 그분이 담당한 짐의 엄청난 무게를 헤아리라."

그러자 자비가 정의에게 말했다.

"성경에 기록되어 있어요. '하나님이 세상을 이처럼 사랑하사 독생자를 주셨으니 이는 그를 믿는 자마다 멸망하지 않고 영생을 얻게 하려 하심이라'(요 3:16). 예수님이 우리의 몸값이 되셨습니다. 예수님은 세상에 희망을 가져오셨어요. 이제 죄는 사라지고 인류는 또다시 하나님과 평화를 누릴 수 있게 되었어요."

그러자 천사가 어린아이들에게 말했다.

"이분이 바로 여러분의 구속자이시죠. 그분의 생명만이 사람들을 구원할 수 있답니다. 여러분이 이 낙원에 오게 된 것도 그분 덕분이에요. 구속자가 여러분을 위해 무슨 일을 했는지 제대로 알 수 있도록 이제 다시 보기로 해요."

지켜보고 있던 모두가 하나처럼 말했다.

"아들을 통해 이 생명을 선물한 하나님께 우리는 어떻게 감사와 찬양을 제대로 돌려드릴 수 있을까요?"

하지만 계속되는 예수님의 고난을 도울 수 없음을 고통스러워하던 천사들이 소리쳤다.

"우리가 주님의 고난을 돕고, 함께 나눌 수는 없을까요? 보세요! 사방이 원수들뿐이에요. 저들은 그분이 누구인지, 누구를 괴롭히고 있는지 모르고 있어요. 어떻게 눈 뜨고 볼 수 있나요? 주님을 도웁시다!"

어린아이들도 함께 목소리를 높였다.

"예수님은 우리의 구속자입니다!"

천사들의 대표 가운데 하나가 나섰다.

"그분은 우리의 주님입니다. 그분의 온전함이 천국을 평화롭게 만듭니다. 모든 천국이 그분의 이름을 선포합니다. 그런데 그분은 타락한 자, 여호와의 이름을 부르면서 진정으로 예배하지 않는 잔인한 땅의 지도자들 때문에 강제로 산헤드린에 서게 되었습니다.”

그러자 그들의 음성이 하나가 되었다.

“주님을 조롱하는 자들을 물리칩시다.”

“안 될 말이오!”

정의가 아주 밝게 빛나는 구름에서 일어섰다. 그의 오른손은 일곱 개의 천둥과 번개와 거기서 터져 나오는 폭풍을 쥐고 있었다. 그것들은 무서운 구름처럼 지구를 감싸고, 온갖 종류의 인류와 산 자와 죽은 자를 뒤덮었다. 그것들은 지구의 바탕을 뒤흔들어서 사람들을 두려움에 떨게 했다. 왼손에는 인류와 관계된 율법이 담긴 두루마리가 들려 있었다.

그의 앞에는 앞서 등장했던 상처 입은 거의 죽음 직전의 사내가 있었다. 그의 상처에서 흘러나온 피가 주변의 땅을 적셨다.

한 번 더 정의가 무리에게 말했다.

“그럴 수 없소! 죄를 지은 영혼은 반드시 죽어야 하오. 율법을 어기면 결과는 바뀔 수 없소.”

이때 자비가 폭풍 속으로 들어섰다. 그녀가 이전처럼 상처 입은 사내 쪽으로 몸을 굽혔다가 일어서서 정의에게 말했다.

“보세요! 주님은 변함없이 세상을 찾아가셨어요. 그분은 인간이 되어서 모든 인류와 같게 되셨지요. 그 덕분에 그분은 인류를 타락한 상태에서 구원해서 영원한 법과 화해시킬 수 있는 거예요."

자비가 다시 말했다.

"이것이 바로 몸값이에요."

"좋소, 제물이 바쳐졌소."

정의가 말했다.

"하지만 성경의 기록처럼 주님 혼자서 그것을 감당해야 하오."

그가 허다한 천사들에게 돌아섰다.

"이들은 주님을 구하고 결과를 바꿀 생각이오."

자비가 아무 말도 하지 않는 무리에게 몸을 돌렸다.

"갈등이 심해지면 지켜볼 수는 있어도 간섭할 수는 없습니다. 여러분은 옳은 것을 알 수 있는 능력에 죄가 어떤 영향을 끼치는지 보게 될 거예요. 그리고 인자가 죽음의 능력과 맞서는 것도 보게 될 거고요."

하지만 무리가 외쳤다.

"우리는 절대 이것을 보고 싶지 않소. 감당할 수 없소."

정의가 목소리를 높였다.

"그럴 수 없소. 천국은 지켜보면서 놀라면 안 됩니까? 하나님이며 사람인 분이 죽음을 정복하고 생명과 영생을 주러 죽음의 문에 들어설 때 발소리 때문에 지옥이 겁을 먹으면 안 됩니까?"

그러자 모두가 조용해지면서 그의 말을 따랐다.

"오, 하나님! 하늘과 땅에서 지금부터 영원토록 당신의 뜻이 이루어지게 하소서. 아멘."

"하늘나라 전체가 동의합시다."

정의가 말했다.

"하나님이 지금도 영원히, 그리고 앞으로도 영원히 모든 게 되시도록 말입니다."

"아멘! 할렐루야! 할렐루야! 아멘!"

무리의 소리가 계속 울려 퍼졌다.

"당신의 뜻이 영원히 이루어지이다! 아멘!"

16. 마침내 몸값을 치르다

17.
악의 이름, 아볼루온

음성이 잦아들자 예수님에 대한 음모가 계속되었다.

연기가 솟구치는 굴에서 나온 거대한 크기의 악마가 무리를 압도했다. 머리에는 여러 개의 뿔이 달렸는데, 거기에서 불꽃이 솟구쳤다. 불꽃과 함께 분출되는 연기가 구름을 이루고 지역 전체를 뒤덮었다. 분위기는 매력적이면서도 혐오스러웠다.

이마에는 글이 쓰여 있었다.

십자가에 못 박으라, 십자가에 못 박으라.
그는 죽어 마땅하다. 사람들을 미혹한다.

가슴에는 이런 이름이 적혀 있었다.

선과 맞서는 악의 화신, 아볼루온

그의 가슴에는 타오르는 편지가 있었는데, 이런 내용이었다.

예수는 승리할 수 없다.
죽음이 그를 인간들이 잠드는 무덤으로 데려갈 것이다.
그는 자신을 하나님의 아들이라 부르고
자신을 하나님과 동격으로 간주한다!
그는 무덤에서 돌이킬 수 없는 나의 운명인
죽음의 족쇄를 맛볼 것이다.
그러고는 그의 추종자들을
인간의 편견이라는 바위에 매칠 것이다.
남은 시간은 어둠과 억압과 실망뿐이다.

"이 말을 들어라!"
무덤을 닮은 소리가 말했다.
"이 말을 들어라!"

수를 헤아릴 수 없을 정도의 많은 혀를 가진 악마의 얼굴이 소리를 냈다.

밑에 있는 지하묘지가 떨렸다. 어떤 지하세계의 강력한 통치자가 불타는 홀로 깊숙한 곳을 건드린 것 같았다. 그러자 굴에서 불길이 솟았다. 무리를 이룬 사람들은 그것을 볼 수 없었지만 그들 사이에서 불길이 솟아올라서 그들을 에워쌌다. 불길이 하나씩 합류하자 불은 점점 뜨거워졌고, 전체 무리가 파괴적인 불의 폭풍처럼 바뀔 때까지 계속되었다. 폭풍은 무리를 남김없이 휩쓸어버리고, 예수님을 거역하는 무자비하고 사악한 음모를 수행했다.

"싸움이 격렬해지고 있단다."

천사가 말했다.

천사는 폭풍 위, 거룩한 천국의 공중에 서 있었다.

"이제 죽음과 지옥이 서로 손을 잡았단다. 하나님이자 사람인 주님이 인간의 죄와 슬픔을 짊어지자 악의 세력이 달려들고 있어."

또 다른 음성이 끼어들었다.

"어느 쪽이 이길까요? 이곳에 모인 악의 수하들은 무수히 많고, 예수님 주변의 사람들은 자신들을 밀어붙이는 악마처럼 변하고 있어요."

그들은 예수님을 산헤드린 재판정으로 데려갔다. 주님의 머리에는 가시관이 씌어 있었다. 상처를 입은 머리에서 볼로 피가 흘렀다. 두 손은 묶였지만, 시선은 위를 향한 채 입술을 조용하게 움직였다.

이때 굴의 주인이 강력한 손으로 맞은 것처럼 뒤로 물러났다.

그들이 소리쳤다.

"조심해! 내가 하나님과 말하고 있다! 불쌍하게 생각하고 있다고! 말도 안 돼! 우리는 증오와 복수심으로 싸우고 있는데, 그는 사랑과 복종으로 되받고 있어. 여기는 진짜 지옥이야! 도망쳐야 해!"

거대한 아볼루온이 다시 모습을 드러냈다. 그가 손을 뻗자 파괴하는 강력한 검은 덩어리가 나왔다. 그리고 무서운 음성으로 악마들을 다그쳤다.

"일어서라! 지금 싸움을 시작하라!"

을러대는 그의 얼굴이 일그러졌다.

"문제가 무엇인가? 고문하는 자들을 사랑으로 대하면 어떤가? 나는 사랑을 증오로 바꿀 수 있다! 나는 기도를 모독으로 바꿀 수 있다! 오늘 내 손으로 직접 영원한 승리를 거둘 것이다!"

그러고는 바로 사내를 시켜 예수님께 다가가서 손바닥으로 예수님을 때리게 했다. 그렇게 하는 순간 위에 있는 하늘이 떨어지는 것 같은 소리가 들렸다. 내가 올려다보니 모든 천사가 무릎을 꿇고, 머리를 조아린 채 손을 들고 있었다. 하늘이 통곡하고 있었다.

또 다른 사내가 예수님께 다가갔다.

"네가 그리스도냐? 네가 유대인의 왕이냐?"

그가 물었다.

예수님이 대답했다.

"네 말이 옳다."

그의 음성이 들리는 순간 암흑의 세력은 물러나고 사방이 조용해졌다.

그러자 천사가 슬퍼하는 어린아이들에게 말했다.

"여러분의 구속자가 지옥의 대리인에게 맞았어요. 그리고 이마에는 가시관을 쓰고 있고요. 악마는 언제나 선한 것은 무엇이든지 때리려고 하지요. 이런 악한 존재들은 사람들을 괴롭히려고 지하에서 올라왔어요. 그것들은 탐욕으로 가득하지만 자신을 표현할 방법이 없어서 사람들을 대신 시키려고 하지요. 사탄은 예수님을 넘어뜨리려고 해요. 그분은 사람들을 악한 영으로부터 구원할 계획을 하고 있기 때문이에요. 그뿐만이 아니라 구속자로서 예수님의 사명은 사탄의 세력을 끊고 인간들 사이에 있는 그의 왕국을 파괴하는 것이에요. 그래서 악마는 그분을 넘어뜨리고 예수님이 지상에 세운 평화의 나라를 깨뜨리려고 한답니다."

천사의 설명은 계속되었다.

"그래서 두 가지 원리, 곧 선과 악이 여기서 대결하는 겁니다. 죽음과 지옥은 교만과 증오라는 격렬한 불과 함께 지하세계에서 올라왔어요. 그것들은 때가 되었다는 것을 알고 있지요. 속이는 사탄이 만들어놓은 갈등에 뛰어들었어요. 세상은 전쟁터입니다. 사람들은 선과 악의 세력에 민감하기 때문이에요."

그러자 정의가 끼어들었다.

"그뿐만이 아니라 사람들은 도덕적인 존재이기 때문이오. 그들은 합리적이고 자신들의 행동을 책임지려고 한다오. 그래서 그들은 삶 속에서 죄를 지으면 비난을 감수하는 것이오. 하나님의 의가 그들을 지적하기 때문이지. 인류가 생존하려면 어떻게든 정의를 존중하지 않으면 안 되지. 인류와 법을 어긴 것 사이의 중재자가 존재하지 않으면 인류는 멸망을 피할 수 없소. 몸값이 요구되는 것도 바로 이 때문이오. 자비는 이 몸값이 인간의 타락이라는 거대한 소용돌이 속으로 들어가서 선과 악의 세력 가운데 자리 잡고 죄인을 구할 수 있다고 주장했소. 이것은 인간을 파괴로 몰아가는 죄의 영향력을 반전시킬 때나 가능한 일이오."

정의의 발언은 쉽게 끝나지 않았다.

"이것으로 모든 게 끝나는 게 아니오. 악한 영들은 죽음과 지옥의 능력을 죄의 치명적인 영향력에 활용할 수 있소. 그러니 죽음과 지옥은 정복자에 의해서 지배되어야 하고, 죄는 붙잡아두어야 하는 것이오."

정의가 계속해서 말했다.

"자비는 죄인들의 생명을 구해달라고 호소하면서 몸값을 제안했소. 그녀는 하나님이 직접 도와주실 것이라고 말하고 있소. 그분은 능력이 있어서 인간을 죄에서 충분히 구원할 수 있다고 말하고 있소. 그러니 보시오! 몸값을 치르는 분이 소용돌로 내려가고 있소. 할 수 있다면 죽음과 지옥과 무덤을 물리칠 것이오. 하지만 그 과정에서 그분은 거부하거나 도움을 구하거나 불평을 할 수가 전혀 없소."

자비가 말을 받았다.

"그가 곤욕을 당하여 괴로울 때에도 그의 입을 열지 아니하였음이여 마치 도수장으로 끌려가는 어린 양과 털 깎는 자 앞에서 잠잠한 양같이 그의 입을 열지 아니하였도다."

자비는 확신에 찬 음성으로 다시 말했다.

"그분은 죽음의 소용돌로 내려가도 살고, 또 영원히 살 수 있어요. 구속의 사역은 그분의 손으로 성공할 거예요. 그분의 나라는 영원히 계속되고 언제까지라도 통치는 계속될 거예요. 이때 하나님의 정의는 충족되고 믿는 사람에게는 구원과 하나님의 의가 주어질 거예요."

"그렇게 되기를!"

정의가 말했다.

"할렐루야, 그렇게 되기를!"

영혼들과 천사들과 그룹들이 계속해서 그 말을 반복했다.

예수님이 군중 사이에서 한 사람을 불러냈다. 그는 예수님이 붙잡힐 때 세상에 어째서 온 것인지 물었던 사내였다.

"내가 세상에 온 것은 바로 이 때문이다."

예수님이 그에게 말했다.

"세상을 구원하기 위해서 찾아왔다. 나로 말미암지 않고는 아버지께로 올 자가 없으니 이제 나는 사명을 이루는 데 필요한 일은 무엇이든지 받아들일 것이다."

크게 감격한 자비가 하늘을 바라보면서 말했다.

"오, 하나님! 당신의 선하심이 어찌 그리 큰지요. 구속자가 죄인을 구하러 죽음의 세계로 들어가셨습니다."

그러고 나서 정의에게 다가가서 손을 내밀며 말했다.

"이 제물이면 족한가요? 인정하시는 거죠?"

이때 죽어가는 사내가 다시 나타났다. 그러자 정의가 몸을 굽혀서 그를 보았다.

정의는 자비가 내민 손을 붙잡고 말했다.

"주님이 사명을 완수하면 저 죄인은 회복될 수 있소. 하나님께 회개하고 주 예수님을 믿을 때 그렇게 될 것이오."

18.
빌라도 부인의 꿈

장면이 바뀌면서 수많은 천사가 먼 하늘로부터 내려오는 게 보였다. 그들은 도움을 주려고 급히 서두르는 것처럼 보였다. 도시 안에 있는 궁전으로 다가가던 그들이 방 안으로 들어가려고 잠시 멈췄다. 안에는 아름다운 부인이 있었다. 그녀는 예수님이 체포된 사건을 생각하면서 몹시 힘들어했다.

천사는 눈에 보이지 않았지만 그녀를 달래서 안정을 찾게 하고 잠이 들도록 도와주었다. 나는 그녀가 천사의 도움을 받아서 얼마나 빨리 차분해지고 평온해지는지를 관심을 두고 지켜보았다. 천사가 입김을 불자 그녀는 잠에 빠져들었다.

잠시 뒤에 그녀의 영혼이 깨어나서 낙원에 들어가는 꿈을 꾸었다. 그녀는 양쪽으로 아름다운 꽃이 피어 있는 물결이 조용히 흐르는 강 옆에 서 있었다. 강물은 밝고 맑아서 주변의 아름다운 모습을 그대로 비췄다. 나무 사이에서 부드럽게 지저귀는 새들이 들판을 뒤덮은 꽃들 위로 날아다녔다.

그녀가 기쁨에 겨워 위를 바라보자 무수한 천사들이 보였다. 그들은 찬송을 부르면서 흐르는 음악으로 천국을 가득 채웠다. 그녀는 한동안 넋을 잃고 서 있다가 천사들의 노랫소리와 수많은 새의 지저귐이 사라졌다는 것을 서서히 깨달았다. 죽음 같은 침묵이 지역 전체를 휘감았다.

그 이유를 확인하려고 주변을 둘러보고 나서야 그녀는 어둠이 강에 내려앉았다는 것을 깨달았다. 꽃들은 꽃잎을 접었다. 숲은 고요했다. 이파리 하나 흔들리지 않았다. 상쾌한 바람은 완전히 잦아들었다.

천사들의 무리가 베일로 자신들의 얼굴을 가렸고, 약하고 흐릿한 빛이 밝게 빛나던 영광의 자리를 대신 하고 있었다.

그녀의 심장은 약해지고, 얼굴은 창백해지고, 두 눈은 초점이 없었다. 두 손은 생명이 빠져나간 것처럼 옆으로 처져 있었다. 그녀는 죽어가고 있는 것처럼 보였고, 천사가 손길을 주면서 말했다.

"어째서 괴로워하고 있나요? 당신은 지상의 예루살렘에서 오지 않았나요?"

천사의 음성에 깜짝 놀란 그녀가 몸을 돌려 도망치려고 하자 천사가 말했다.

"두려워하지 마세요. 당신을 해치러 온 게 아닙니다. 나는 소식을 전하러 왔습니다. 당신이 본 것이 무엇인지를 설명해주기 위해 찾아온 것입니다. 당신은 낙원의 영광과 조화를 경험했습니다. 이 모든 강과 샘과 꽃과 살아 있는 모든 것으로부터 끊임없이 찬양이 흘러나옵니다. 그런데 그 모든 것이 갑자기 바뀌었고, 당신은 이유를 알고 싶어 했습니다. 그 이유를 설명해 주겠습니다. 타락하고 앙심을 품은 재판정에서 우리 주 예수님이 오늘 핍박을 받은 것 때문에 낙원 전체가 고통스러워하고 있습니다. 육신으로 나타나신 하나님을 유대인들은 십자가에 매달려고 합니다. 그렇지만 그분은 죽음을 피하실 수 없습니다. 성경에 기록되어 있기 때문입니다. 하지만 그분을 핍박하는 자들은 화를 면하지 못합니다!"

천사의 표정은 단호했다.

"당신은 이 일에 상당한 관심이 있습니다. 당신의 남편 빌라도는 예수님이 무죄하다는 것을 알면서도 무고한 피를 흘리게 하라는 대중의 압력을 받고 있습니다. 남편에게로 속히 가십시오! 주 하나님과 맞서는 게 위험하다는 것을 알려주십시오. 당신이 본 것을 들려주세요. 예수님이 이 흉악한 재판정 앞에 서 있는 동안 이 곳에 있는 나무와 풀과 꽃이 슬픔에 떨고 있고 하늘나라 전체가 가슴을 졸이고 있다는 사실을 일러주십시오. 관을 벗은 천사들이 수금을 내려놓고 침묵하고 있다고 말씀하십시오. 가세요! 지체하지 마세요. 그렇지 않으면 당신의 남편은 한순간에 불행한 운명을 맞게 됩니다. 당신은 반드시 남편을 구해야 합니다."

그러자 그녀를 잠들게 했던 천사가 말했다.

"일어나세요!"

꿈 때문에 놀란 그녀가 급히 일어나서 남편에게로 달려갔다.

그녀가 말했다.

"저 옳은 사람에게 아무 상관도 하지 마세요. 오늘 꿈에 내가 그 사람 때문에 애를 많이 태웠습니다."

하지만 빌라도는 그녀의 호소를 외면하고 사람들의 요구를 받아들여서 예수님께 십자가형을 판결했다. 그는 예수님께 태형을 내리고 나서 십자가에 매달도록 지시했다.

그렇게 판결이 내려지고, 예수님은 끌려나갔다.

19.
십자가의 길

우리의 눈길을 피해 악령들을 잠시 가려주던 베일이 사라지자 악마의 우두머리 아볼루온과 그의 무리가 또다시 모습을 드러냈다. 그가 손을 올리자 강력한 불길이 쏟아지면서 깃발처럼 타올랐다. 거기에는 글이 적혀 있었다.

아볼루온에게 승리를.
나는 오늘 저들을 상대로 승리했다.
저들은 무죄한 자를 정죄했다.

목소리는 갈라지고 음산한 음성들이 함께 어울려 노래했다. 그수를 헤아릴 수 없었다.

"암흑의 임금이여, 만세! 또 만세! 인간은 모두 죽음의 쏘는 것을 맛보게 되겠지. 승리한다! 승리한다! 이제 우리는 하나님이자 인간인 예수가 채찍에 맞아서 몸을 비틀고 로마의 십자가에서 괴로워하는 모습을 보러 위로 올라가겠지."

아래쪽 악마의 소굴에서 거친 웃음소리가 들려왔다. 공기를 가르는 박수소리와 광기에 사로잡힌 무리가 부르는 소름 끼치는 노랫소리가 뒤섞였다.

그러자 절망한 음성이 들려왔다.

"이 정도면 충분하지 않소? 정의여, 그대는 진정으로 고집을 꺾지 않을 셈이오? 몸값이 충분하지 않소? 우리가 이것을 더 견뎌내야 하는 것이오? 저분은 무죄하오. 그런데도 계속해서 고난을 겪으셔야 하는 것이오? 고난을 멈추시오. 보시오, 등은 채찍에 갈라지고 몸은 피를 흘리고 있소! 온몸이 떨리고 있소. 악의 세력에게 승리를 안겨줄 셈이오?"

정의가 대답했다.

"주님은 타락한 인류의 고난을 짊어지셨으니 정해진 때까지는 감당하셔야 하오. 하지만 그분은 자신의 의지와 상관없이 생명을 잃을 수 없소. 그분이 직접 포기하시는 것이오. 사탄과 악마는 잠시 승리하는 것뿐이오. 하지만 예수님은 이 강한 자의 집에 들어가서 그를 결박할 것이오."

또다시 예수님의 모습이 보였다. 그의 몸은 참혹했고, 완전히 기력을 잃은 상태였다. 그런데도 그들은 상처로 해진 등에 거대한 십자가를 지게 하고서 처형장으로 내몰았다. 사람들 사이에서는 고함과 야유와 모독이 난무했다.

이때까지 나는 목격한 게 두려워서 입을 뗄 수 없었다. 그런데 예수님이 무거운 십자가 때문에 비틀거리자 잔인한 채찍이 몸을 파고들었다. 가시관은 살을 꿰뚫어서 상처를 냈다. 미친 듯이 고함이 터져 나왔다.

"그를 쫓아내라! 십자가에 매달아라! 십자가에 매달아라!"

더는 견딜 수 없었다. 나는 안내하는 천사에게 말했다.

"정의는 어째서 저분을 보호하지 않는 건가요? 악한 자들이 괴롭히고 있는 게 보이지 않나요? 율법을 어긴 것은 저들이라고요. 저들이 벌을 받아야 해요. 이럴 수는 없어요! 예수님이 십자가를 지면 안 되는 거잖아요. 주님은 저들을 구원하려고 하신 것뿐이라고요!"

하지만 바뀐 게 전혀 없었다. 예수님은 여전히 비틀거리면서 계속 길을 걸었고, 자신을 괴롭히는 이들을 말없이 사랑과 자비의 시선으로 바라보았다. 그는 조금도 쉴 수 없었다. 마침내 모든 힘이 소진되자 짊어진 십자가에 눌려 쓰러졌다. 박해자들과 십자가를 짊어지게 한 자들이 처음으로 침묵한 채 약간의 관심을 보였다. 어쩌면 그들이 관심을 보인 것은 십자가에서 지속될 그의 고통을 즐길 수 없을지 모른다는 걱정 때문이었는지도 몰랐다.

예수님이 쓰러지자 천사들과 어린아이들 모두가 큰 충격을 받고 돕기 위해서 자리를 박차고 일어섰다. 그런데 멀리서 들리는 음성이 그들을 막았다.

"멈춰라! 성경에는 그가 홀로 포도즙 틀을 밟아야 한다고 기록되어 있다. 너희들은 물러서라."

"옳습니다."

정의가 나섰다.

"그러나 그분이 죄인들을 위해서 기꺼이 이 고난을 감당하신다는 것을 하늘과 땅이 모두 알고 있습니다. 그분의 상처 때문에 그들이 낫게 됩니다. 주님은 이제 죄 때문에 타락한 이들을 구하시려 죽음의 문에 들어서고 있습니다."

그러자 자비가 십자가 위에 나타났다.

"그렇습니다! 예수님은 죄인들을 위해 자신을 바쳤습니다. 정의여, 여기에 희생제물이 있습니다."

정의가 대답했다.

"그대는 그분의 고난을 목격했지만 이것을 알아야 하오. 그분은 구원하러 찾아온 이들의 손에 의해서 고난받은 것이지, 아버지의 분노 때문이 아니었소. 그러니 그대는 창조주의 선하심을 거스를 수 없소. 이 고난은 인간을 구원하려는 예수님의 사명 때문에 일어난 일이오. 예수님이 행하신 선을 반대하고 해치려고 하는 게 바로 죄의 본성이오. 죄는 그 실체를 단순히 드러내고 있을 뿐이오."

그가 계속했다.

"죄를 그냥 내버려둔다면 하늘나라는 무법의 장소가 되고 말 것이오. 창조주의 통치를 훼손할 것이오. 하나님의 보좌를 파괴하고 영원한 것들을 지옥으로 바꿔버릴 것이오. 죄는 선의 반대요. 그것으로부터 악한 생각이 끊임없이 생겨나는 것이오. 이것이 바로 예수님이 죄인들을 구하러 오셨을 때 그들 안에 있는 악이 그들로 인해 그분에게 고통을 안기고 해하려 한 까닭이오. 예수님은 인간들의 영혼을 구하고 싶어 하시오. 악마들은 그들을 파괴하려 하고, 예수님은 인간의 구속자로 세상에 오셨소. 아볼루온은 파괴자로 왔소. 이 두 개의 원리 사이에 연합은 있을 수 없소. 그래서 예수님이 고난을 당하시는 것이오. 그것은 하늘의 명령이 아니라 예수님의 선하심과 죄인을 구원하려는 계획 때문이오. 그분이 죽음과 지옥을 상대하러 싸움터에 들어가시는 이유가 바로 이것이오."

"그렇다면 성공하실까요?"

정의의 말에 귀를 기울이던 천사 하나가 물었다.

"물론입니다."

자비가 대답했다.

"그분은 유다 족속의 사자입니다. 그분은 빛나는 새벽별입니다. 그분은 성공하실 거예요."

"할렐루야! 그분은 성공하실 겁니다."

그곳에 모인 수많은 천사가 반복했다.

"그분의 나라가 임하고 뜻이 이루어질 것입니다."

"그렇게 될 것이오."

정의가 말했다.

또다시 침묵이 가득했다. 무엇 하나 움직이는 게 없었다. 정의와 자비가 입을 다물자 누구도 긴장된 분위기를 깨뜨리려 하지 않았다. 그 장면을 목격한 모두, 심지어 지상의 사악한 인간과 땅 밑의 악한 영들까지 예수님의 무고함을 인정하는 것 같았다. 그에게서는 어떤 잘못도 찾을 수 없었다. 그의 삶은 물론, 배신당할 때와 십자가형에 처해질 때도 그랬다. 그는 병자를 낫게 하고, 죽은 자를 일으키고 악령을 쫓아냈다. 고통을 겪는 이들에게 말로 다 할 수 없는 평안과 기쁨을 가져다주었다. 그는 마음이 상한 자를 위로하고, 죄인을 용서하고, 도덕적으로 타락한 자를 책망하고, 환전상들이 앉아 있는 성전을 깨끗하게 만들었다. 그가 어려움을 겪고 박해를 받을 때 반대하는 자들을 비난하지 않았지만 하나님만이 가능한 성품이 누구에게나 드러났다.

피 흘리는 어깨에 십자가가 주어지자 그는 그것을 즐거워하고 조롱하는 소리에도 아랑곳하지 않고 감당했다. 엄청난 육체적 고난은 물론, 더할 수 없는 모욕도 감수했다. 그리고 지쳐서 십자가 밑에 쓰러질 때도 괴롭히는 자들을 동정과 자비의 시선으로 바라볼 뿐이었다.

구경꾼들은 어떻게 그를 동정할 수 없었을까? 어떻게 많은 눈물을 흘릴 수 없었을까? 어떻게 그렇게 고귀한 이를 경배할 수 없었을까?

마침내 병사들은 예수님께 일어나서 갈보리를 향해 걸음을 옮기도록 지시했다. 그는 지시를 따라서 십자가 밑에서 힘을 써보았지만, 팔다리를 움직였지만 통증 때문에 다시 주저앉았다. 몸에서 흘러나온 피가 땅을 적셨다. 거칠게 휘두르는 채찍질 때문에 상처를 입은 곳이 가볍게 떨렸다.

"그의 모양이 타인보다 상하였고 그의 모습이 사람들보다 상하였으므로 많은 사람이 그에 대하여"(사 52:14) 놀랐다. 피와 눈물이 사랑의 시선을 가렸다. 그의 입술이 천천히 움직이자 사랑과 자비의 음성이 흘러나왔다.

"죄인아, 너를 위해 기꺼이 고난을 당한다. 너를 위하여 이 모든 일을 겪고 있으니 구원받게 될 것이다."

예수님께 십자가를 운반하게 하려고 몇 차례 헛수고를 한 끝에 병사들은 구레네 출신 시몬을 시켜서 십자가를 대신 지게 했다.

그들이 갈보리를 향해서 다시 나아가자 한 무리의 여인들이 예수님께 끔찍한 행동을 서슴지 않았던 제사장들에게 다가갔다. 그들은 제사장들에게 허리를 숙이고 나서 두 손을 들고 예수님의 석방을 간청했다. 그들의 슬픔은 컸고, 그들의 명분은 옳았으며, 그들의 요청은 겸손하면서도 긴급했다. 그렇지만 소용없었다.

"그는 죽을 수밖에 없어."

제사장들이 말하자 군중들이 또다시 고함을 질렀다.

"십자가에 매달아라! 십자가에 매달아라! 그를 시험하라! 그가 진정으로 하나님의 아들이라면 십자가에서 자신을 구원하게 하라! 그가 어리석고 신성을 모독했다는 게 밝혀질 것이다!"

20.
은돈 서른 개

장면이 또다시 바뀌면서 유대 산헤드린이 펼쳐졌다. 종교 지도자들인 그들에게서는 그런 고귀한 위치에 어울리는 겸손함과 섬김의 정신을 전혀 찾아볼 수 없었다. 그들은 교만하고 고압적이고 중대한 현안들을 조롱했다. 그들은 '오류에 대한 진리', 그리고 '광신에 대한 상식'의 승리라고 즐거워했고, '사기꾼' 예수를 끌어내린 신속하고 효과적인 조처를 축하했다.

그들이 만끽하고 있을 때 유다가 달려오면서 거칠게 소리쳤다.

"나는 죄인이오! 나는 무고한 피를 배신했소!"

"그게 우리와 무슨 상관이지?"

그들이 그를 비웃었다.

"그것은 자네 사정일세."

당황한 유다가 소리를 질렀다.

"당신들은 예수님께 데려다주는 사람에게 명예와 우정을 약속했소. 그래서 내가 그를 병사들에게 넘기지 않았소? 나는 무고한 주인을 당신들을 위해서 배신했소. 게다가 당신들 때문에 나는 입맞춤으로 배신을 마무리 지었소!"

그는 크게 후회하면서 시선을 떨어뜨렸다. 그러고는 천천히 말했다.

"내가 배신했을 때 그분은 나를 사랑의 눈으로 바라보았소. 그 표정이 잊히지 않소. 여전히 생생하단 말이오. 나는 무고한 피를 배신하였소."

그가 은돈을 내던졌다.

"도로 가져가시오! 필요 없소! 그것은 주님을 팔아넘긴 돈이오! 내가 누릴 평안과 영원히 맞바꾼 대가요!"

제사장 하나가 바닥에 흩어진 은돈을 물끄러미 바라보았다.

"그래, 저것은 네가 수고한 대가를 우리가 낸 거야. 하지만 우리도 필요 없어. 네 것이야. 이제 너도 더는 필요 없어. 너도 그 자처럼 되기 전에 썩 꺼져! 이 범죄자 예수를 왕으로 생각하는 눈치야. 당장 꺼지지 않으면 경비를 불러서 함께 갈보리로 보내버릴 테다."

이때 천사 하나가 어린아이들에게 다가가서 말했다.

"사람들이 어떻게 했는지 보았나요? 그들은 속으로 하나님을 원수로 생각하고 자신의 행복을 좇다 보니 다른 사람들의 필요는 관심이 없습니다. 세상의 역사는 언제나 똑같은 일이 계속되었다는 것을 보여줍니다. 종과 노예와 억눌린 사람들의 눈물이 증거합니다. 철학자들과 시인들과 지혜로운 사람들의 작품에서도 볼 수 있습니다. 그들 모두가 인간은 타락했다고 말합니다."

그가 계속해서 말했다.

"유다를 다시 보세요! 그는 주님을 배신했습니다. 정의와 자비를 돈과 바꾸었습니다. 자신이 타락했고 거룩하지 않은 욕심을 지녔다는 것을 보여주었습니다. 다른 이들도 마찬가지입니다. 다만 그는 더 심했을 뿐입니다. 그는 선하고 더할 수 없이 막역한 친구를 이익 때문에 희생시켰습니다. 사람들은 종종 이렇게 합니다. 우정을 팔아넘기고 형제들을 외면합니다. 세상의 철학자들 가운데 몇몇이 숨겨보려고 하지만 사람이 개인적인 이익 때문에 친구를 배신하는 것은 흔한 일입니다. 화려한 벽장식과 비싼 커튼을 피로 물들이지 않은 이가 누구죠? 쓰러진 친구를 희생시켜서 사치를 누리지 않는 이가 누군가요?"

또 다른 천사가 다가와서 그에게 말했다.

"어린이들이 쉽게 이해할 수 있도록 설명하세요."

그 즉시 우리 눈앞에 지상에서의 일들이 연속적으로 펼쳐졌다. 이익 때문에 형제가 형제를 배신하고, 부모가 자녀를 배신하고, 남편이 부인을 배신하고, 친구가 서로를 간단한 보상과 맞바꾸었다. 민족이 민족을 약탈하고 전쟁을 치르면서 배신하고, 가난한 이들과 무력한 이들을 짓밟았다. 덕분에 무수한 사람들이 더할 수 없이 비참한 삶을 살다가 속절없이 죽어갔다. 어머니들은 죽어가는 아기들을 위해서 끝까지 젖을 물리려고 노력했다. 남편들은 학대받는 아내들과 상처 입은 자녀들을 절망 속에서 지켜보았다. 가난과 억압과 고통과 분노와 폭력과 살인이 완벽하게 드러나 있었다.

이런 장면들 가운데 고통을 겪는 이들을 돕는 사람들은 얼마 되지 않았다. 그들은 고통을 안기는 이들을 밀어내고, 주린 사람을 먹이고, 헐벗은 사람을 입히고, 상처 입은 사람을 위로하고, 전쟁을 평화로 바꾸고, 진정한 우정을 가꾸고, 참된 신앙을 전파하고, 편견에 사로잡힌 사람을 깨우치고, 박해를 막아냈다. 그들은 모든 곳에 자유와 평화를 심고, 정의와 자비의 토대를 닦으려고 했다. 영향은 대단하지 않았지만, 포기하지도 않았다.

그때 위에서 빛이 비치더니 수호천사가 나타나서 돕는 이들과 일일이 함께했다. 천국의 지시를 받고 성령이 충만한 천사는 그들을 격려하고 용기를 불어넣었다. 이런 일이 진행되자 또 다른 빛이 십자가의 이름으로 봉사하는 각 사람의 마음을 가득 채웠다.

"저 빛은 하나님의 영입니다."

천사가 설명을 달았다.

"그분은 하나님에게서 난 이들을 격려해서 죄와 그에 따른 형벌로부터 구해서 천국으로 인도하도록 계속해서 일하십니다. 그렇지만 인간을 구속하는 일은 인간의 한계를 완전히 넘어서는 자비가 필요합니다. 오직 하나님만이 하실 수 있습니다. 그분은 사랑이고 전능하시기 때문입니다."

그의 뒤를 따르는 천사들이 말을 받았다.

"그렇습니다. 우리는 사람에게 사랑을 베푸시는 하나님을 경배합니다. 능력 있게 구원하는 예수님을 통해 도움을 허락하시는 하나님을 찬양합니다. 영원히 그분을 찬양합니다. 영원히! 아멘!"

이때 대표 천사가 말했다.

"이제 쉴 시간입니다. 잠시 휴식을 취하세요."

천사들의 오른쪽에서 다가온 천사가 말했다.

"거룩한 들에서 꽃을 가져와서 어린 영혼들이 신선한 향기를 맡게 하세요. 거룩한 성령이여, 당신의 평안으로 저들을 채우소서."

그것은 괜찮은 생각이었다. 엄청난 사건들 때문에 상당히 지쳐 있었고, 휴식을 취하면서 목격한 내용을 돌아볼 필요가 있었다.

어느 정도 시간이 지나자 어떤 음성이 들렸다.

"누가 살아계시고, 영원하시고, 낙원의 기쁨을 허락하신 하나님을 찬양하지 않을 수 있겠는가?"

어린아이들이 손을 들고 대답했다.

"우리는 하늘에 계신 아버지를 경배하겠습니다. 언제나 구속자의 이름을 말하고 사랑하며 경배하겠습니다. 수호천사들을 기쁨으로 뒤따르겠습니다. 그리고 준비가 되면 선한 종이 되어 구속자가 되시는 주님의 명령을 따르겠습니다."

그러자 수호천사들이 각자 담당하고 있는 어린아이들을 모았다. 모두는 이미 계속할 준비가 되어 있었다.

21.
고통의 갈보리

구름 위쪽에서 소리가 들렸다.

"죽음으로 파괴자와 맞서는 구속자의 마지막 싸움을 지켜볼 준비를 해라. 해는 빛을 가리고 별은 모습을 감추어라. 자연은 숨을 죽이고 하늘은 침묵하라. 너희, 그룹은 악기를 내려놓아라. 꽃들아, 머리를 낮추고, 나무들은 가지들을 늘어뜨려라. 물은 소리 없이 흐르고, 바람은 조용히 해라. 새들아, 노래를 멈추어라. 구속자가 고난을 받으신다."

어두운 갈보리 언덕이 서서히 모습을 드러냈다. 흐릿한 그림자가 드리워져 있었다. 중앙에는 사람을 매다는 십자가 세 개가 자리 잡고 있었다. 숨죽인 무리가 모여 있었고, 그들 부근에서 병사들이 돈내기하고 있었다. 하지만 그들 역시 이상한 어둠 때문에 불안해져서 동작을 그쳤다.

멀리서 애절한 통곡소리가 들려왔다. 그 소리에 사방이 질식할 것 같았다. 그것을 바라보는 영혼마다 표정이 어두워지고, 극심한 절망이 배어났다.

마침내 천사들 사이로 낮은 수런거림이 일었다.

"들어보세요! 자연마저 고통을 겪고 있어요! 저 장엄한 진혼곡이 들리나요?"

그러다가 모두가 다시 침묵에 빠져들었다. 그 무엇도 우울한 침묵을 깨뜨리지 않았다.

서서히 희미한 불빛이 갈보리를 비추기 시작했다. 세 개의 십자가가 더 선명해지면서 거기에 매달린 세 사람의 모습이 분명하게 드러났다.

"예수님이시다!"

모든 영혼이 앞다투어 말했다.

"예수님이 고통을 겪고 계신다! 예수님이 숨을 거두신다!"

갑자기 공포가 밀려들자 그들은 얼굴을 떨어뜨린 채 똑같은 말을 반복했다.

"예수님이 고통을 겪고 계신다! 예수님이 숨을 거두신다!"

그들이 말하는 순간, 예수님이 큰소리로 외쳤다.

"아버지 저들을 사하여 주옵소서. 자기들이 하는 것을 알지 못함이니이다"(눅 23:34).

영혼들은 순식간에 경외로 가득 찼다.

"이 얼마나 놀라운 사랑인가! 이 얼마나 놀라운 자비인가!"

그들이 탄성을 터뜨렸다.

"자신을 십자가에 매단 자들을 위해 기도하시다니! 하나님 아버지, 저희에게도 같은 영을 영원히 허락하소서!"

병사와 관리들이 예수님의 음성을 비웃었다.

"저가 남을 구원하였으니 만일 하나님이 택하신 자 그리스도라면 자신도 구원할 것이다."

그러자 영혼들이 머리를 들고 말할 수 없는 슬픔 속에서 그 장면을 지켜보았다.

십자가 옆에는 예수님의 친구들 몇이 함께 서 있었다. 그들은 하염없이 눈물을 흘렸다. 죽음이 차가운 시신을 붙잡고 있듯이 슬픔이 그들을 사로잡고 있었다. 몇 안 되는 사람들 사이에 예수님의 어머니 마리아도 있었다. 그녀는 아들의 운명을 체념한 것처럼 보였지만 한시도 그의 곁을 떠나지 않고 지켰다. 자식과 함께 하는 고통은 어머니만이 가능했다. 그렇지만 그녀도 아들을 구할 수는 없었다.

예수님이 슬픔에 빠진 어머니를 돌아보면서 말했다.

"여자여, 보소서. 아들입니다."

그러고는 제자에게 말했다.

"너의 어머니시다."

더할 수 없는 고통 속에서도 그는 계속 자비를 베풀었다.

제자가 마리아의 옆으로 다가서자 그녀가 그에게 기대고서 마지막 시험을 받는 아들을 올려다보았다.

그러자 예수님과 함께 십자가에 달린 죄수 하나가 고개를 돌리면서 말했다.

"네가 그리스도라면 너와 우리를 구원하라."

예수님은 별다른 말씀을 하지 않고 자비의 시선으로 바라보았다. 나머지 죄수가 동료를 엄하게 꾸짖었다.

"우리는 우리가 행한 일에 합당한 처벌을 받고 있지만 이 사람은 잘못한 적이 없었다."

그러고는 예수님께 고개를 돌려서 간절하게 말했다.

"당신을 이곳으로 끌고 온 저들은 당신을 물리쳤다는 생각 때문에 즐거워하고 있습니다. 하지만 당신에게는 어떤 사람보다 위대한 그 무엇이 존재한다고 생각합니다. 이해할 수는 없지만, 어찌 된 일인지 생명의 본질이 당신에게 있다는 것은 알고 있습니다. 당신은 영원한 분이십니다."

그가 고통 때문에 말을 잇지 못했다.

"오, 주님! 당신의 나라에 임하실 때에 나를 기억하소서."

주님이 고통 속에서 그를 바라보자 주의 영혼에서 흘러나간 사랑이 사내를 뒤덮고, 그 안을 가득 채웠다.

"진심으로 내게 구하였으니 네 기도가 응답되었다. 오늘 네가 나와 함께 낙원에 있을 것이다."

이 대답은 죽은 자에게 생명을 불어넣은 것 같았다. 주님은 고통 속에서도 죄수의 마음에 용서와 자유를 넘쳐흐르게 하셨고, 그러자 사내는 눈물을 흘렸다. 사내는 세상에서 선고받은 사형과 무관하게 형 집행이 취소되었다. 그는 하늘의 용서를 받고 죄와 죽음의 권세를 벗어났다. 그는 두려울 게 없었다. 마지막 순간에 예수님을 통해서 천국에 들어갈 수 있었다. 그의 신체적 고통은 여전해 보였지만, 그의 영혼은 어둠 속에서 빛을 발하고, 죽음의 수렁 위에서 떠돌면서 죽음에서 생명으로, 죽어야 할 운명에서 영원으로 떠날 준비가 되어 있었다.

십자가 주변에 모인 대부분의 무리는 이 의미를 지나쳤지만, 천사들과 어린아이들은 예수님이 이 용서를 통해 신성을 발휘한 것에 놀라고 감사하며 빠짐없이 지켜보았다. 그 장면은 너무 인상적이라서 그 이후로 어린아이들은 십자가를 말할 때마다 강도의 이름과 기도, 그리고 구속자의 반응을 함께 거론했다. 죽어가는 그 영혼에게 천국이 완벽하게 허락되었다.

22.
죽음이 패하다

강력한 어둠이 앞을 가리기 시작했다.

태양과 달과 별을 전혀 볼 수 없었다. 밤이 세상을 뒤덮었다. 한동안 시간이 흐르고 나자 예수님이 "내가 목마르다"(요 19:28)라고 말했다. 누군가 신 포도주를 적신 해면을 우슬초에 매어 바싹 마른 예수님의 입술에 대주었다. 이 장면은 어린아이들이 감당하기가 어려워서 수호천사들이 도움을 주었다.

유령같이 무서운 존재가 예수님께 접근하고 있었다. 그의 주변에는 같은 모습을 한 작은 물체들이 위성처럼 원을 그리며 떠돌았다. 그의 위에 있는 깃발에는 '당신은 승리할 것이다. 당신은 왕이다'라는 글이 적혀 있었다.

그는 이 강력한 마지막 싸움에서 확실한 승리를 향해 거만하게 앞으로 나갔다. 그 싸움은 앞으로 닥칠 세대의 운명이 달려 있었다.

그가 목이 쉬고 음침한 음성으로 여전히 십자가에 달린 예수님께 말했다. 소름이 끼쳤다.

"내가 이 광란의 날에 당신을 맞이하러 위로 올라왔소. 당신은 움직일 수 없소. 희생자요. 천사와 사람들이 당신이 죽음을 이겼다고 선언했지만 내가 바로 죽음이오! 당신은 내가 존재하고 있는 법을 뒤바꾸었소. 굶주린 무덤을 채우는 법을 말이오. 그 법은 언제나 강력하게 역사했고 누구도 방해할 수 없소. 오늘 그 법과 당신이 겨루면 당신도 죽음을 맞이할 것이오. 보시오, 이제 내가 당신을 끝내버릴 터이니."

그러고 나서 그가 손을 뻗어 예수님의 몸을 잡았다. 얼음장 같은 손이 닿자 그의 몸이 떨렸다.

예수님이 크게 소리 질렀다.

"엘리 엘리 라마 사박다니. …나의 하나님, 나의 하나님 어찌하여 나를 버리셨나이까"(막 15:34).

그가 외치는 순간, 위쪽에서 정의의 단호한 음성이 들려왔다.

"그분 홀로 포도즙 틀을 밟아야 하오."

"그분 혼자서 감당하세요."

이번에는 자비의 음성이었다.

"그분 혼자세요. 홀로 고난을 감당하세요. 그분은 세상을 위해, 불의한 자를 위해 의롭게 죽음을 맞이하시는 거예요!"

죽음이 소리를 높여 외쳤다.

"이제 내가 이겼다! 예수를 이겼다! 그는 태초부터 하나님과 함께했다! 그는 죽음의 자리에 들어갔다! 그는 구원하러 그곳에 갔지만 실패했다! 지옥이여, 일어나 내 승리를 똑똑히 보아라. 너희 천사들은 내 오른손에 붙잡힌 예수를 지켜보아라! 너희는 그가 죽음을 정복한다고 하늘에서 노래했다. 나의 강력한 손에 붙잡힌 그를 바라보아라. 나는 한 손으로 이 하나님이자 인간인 예수를 붙잡고 무덤 사이에서 뛸 수 있다. 너희가 승리의 노래를 불렀느냐? 이제는 패배를 노래하라! 내가 정복자를 붙잡았다! 올라가서 영원한 보좌를 흔들고 천상의 세계를 죽은 자의 공동묘지로 만들기 전에 너희는 하늘로 돌아가라."

사기가 오를 대로 오른 죽음이 구세주의 얼굴을 마주했다.

"이런 일을 시도하는 것은 정말이지 쓸데없는 일이었소. 셀 수 없이 많은 자를 도살한 내가 아니오? 당신은 벗어날 수 있다고 생각하는 거요? 그럴 수야 없지. 하나님이자 인간인 예수 당신은 최후의 원수이니 반드시 제물로 삼아야겠소."

내가 다시 보니 그 뒤에 승리자 아볼루온이 있었다. 그는 검은 깃발을 흔드는 악령의 떼를 지휘하고 있었다. 깃발에는 둘의 모습이 뚜렷하게 새겨져 있었다. '아볼루온, 악의 화신. 죽음, 무자비한 파괴자.' 십자가의 형상과 피 흘리는 제물 위에서 서로 얼싸안은 모습이었다.

요란한 웃음, 신성모독, 그리고 거친 악마의 웃음소리가 들렸다. 악마의 소리가 검은 물의 파도처럼 끊어질 듯 이어졌고, 사악한 즐거움이 광기를 가득 품은 바다에서 생겨난 돌풍처럼 터져 나왔다. 죽음이 자랑하며 일어서자 악령들이 승리를 외치면서 그의 주변을 맴돌았다.

아이들이 이 장면을 지켜보면서 수호천사들에게 물었다.

"저들이 이겼나요? 예수님이 돌아가셨나요?"

천사들이 대답했다.

"예수님이 돌아가시면 천국도 끝이야. 그분의 오른손이 우주를 붙들고 있단다."

멀리 떨어진 아볼루온이 끼어들었다.

"그렇지만 이 결정적인 순간에 그는 실패했다! 너희 모두는 이제 장송곡을 부르라! '예수! 하나님의 아들'이라고 자랑했지만 마침내 패배하고 말았다. 죽음이 승리했다!"

그러나 예수님이 응답하자 모두의 시선이 그에게 쏠렸다.

"누구도 내 생명을 앗아가지 못한다. 내 뜻에 따라서 내려놓은 것뿐이다. 죽음아, 너는 사람들을 시켜 학살을 자행했으나 그들에게는 아버지가 허락하신 것 외에는 권세가 하나도 없다. 삼가라! 나는 파괴자, 너를 속박하고 네 권세에 눌린 사람들을 찾으러 죽음의 문을 향해 달려갈 준비가 되었다. 복수를 바라지 않는다. 무덤을 열어서 포로 된 자들을 자유롭게 할 것이다."

죽음의 손아귀를 벗어나 일어선 그가 오래된 원수를 정면으로 마주했다.

"나는 인간의 모습으로 이 세상을 찾아왔다. 덕분에 나는 너의 세계에 다가설 수 있었다. 이제는 너의 권세를 끝낼 것이다. 너는 정복되었다. 생명의 법이 너를 속박하고 너의 세계를 다스릴 것이다. 그리고 죽음과 지옥이 끝없는 구렁텅이에 던져져서 두 번 다시 내게 속한 사람들을 괴롭힐 수 없는 날이 올 것이다."

그가 이 말씀을 마치고 나서 죽음을 붙잡고 빛의 사슬로 묶었다. 그때 정의를 올려다보니 그는 이 모든 것을 구름에서 바라보고 있었다.

그가 말했다.

"이제 생명의 영이 죽음을 물리쳤다!"

모든 것을 파괴하는 강력한 폭풍이 주변으로 몰려오자 주님이 말했다.

"죽음의 강력한 세력이여, 멈춰라! 공포의 아비여, 내려놓아라! 내가 타락한 세계를 구원하러 찾아왔다. 그러니 한없는 심연에 빠지지 않을 것이다."

모든 게 강력하게 무너져 내리자 그가 오른손으로 심연 부근으로 끌려간 세계를 붙들었다. 무수히 많은 잃어버린 사람이 사는 세계가 끄트머리에 걸려서 죽음의 깊은 구렁 쪽으로 미친 듯이 흘러 들어가는 소용돌이 속으로 빠져들기 직전이었다.

하지만 주님은 강력한 세력에 맞서 세계를 단단히 떠받치면서 폭풍에게 명령했다.

"거대한 폭풍이여, 그쳐라! 멈춰라! 과거에는 세상을 겁먹게 할 강력한 능력을 소유했지만, 이제 내가 명령하니 잠잠하라! 땅이여, 본래의 자리로 돌아가라. 구원의 날이 밝았다."

그가 하늘을 향해 외쳤다.

"강력한 바람이여, 이 죽어가는 세상에 활기를 불어넣어라. 영원한 생명 샘의 물이여, 황폐한 땅에 쏟아져라. 천사들은 급히 모여서 왜곡과 거짓에 맞서는 영감과 진리를 가져오라."

"그리고 죽음아, 비록 네가 수많은 생명을 앗아간 것을 자랑해도 너의 운명은 정해졌다."

주님이 강하게 말했다.

"너는 얼마 남지 않은 시간을 묶여 있을 것이다. 세월의 상징이자 죽음의 왕국, 지옥은 힘을 잃고 정해진 순간에 죽음을 맞이할 것이다."

그가 돌아서서 아볼루온을 마주했다.

"정의의 원수! 평강과 하늘의 원수! 네가 나온 곳으로 다시 돌아가라. 너의 세력을 죽음으로 인도하라. 때가 되면 너 역시 강력한 능력을 맛보게 될 것이다. 보라! 나는 내 백성을 구원하러 다시 올 것이다."

예수님이 이 말씀을 마치고 손을 크게 움직이자 아볼루온과 그의 군대가 달아났다. 먹구름이 그 뒤를 따르자 시야에서 사라졌다.

십자가는 하늘을 배경으로 황량하게 서 있었다. 예수님이 말할 수 없는 최후의 고통을 견디면서 입을 열었다.

"아버지, 내 영혼을 아버지의 손에 부탁하나이다."

그리고 큰 소리로 외쳤다.

"다 이루었다"(요 19:30).

그러고 나서 예수님은 죽음을 사로잡고 감옥에 있는 영혼들에게 내려가셨다.

한동안 침묵이 가득했다. 무엇 하나 움직이지 않았다. 누구도 말하지 않았다.

서서히 부드러운 빛이 비치기 시작하면서 무장한 병사들이 외딴 무덤을 지키는 게 보였다. 부근에는 천사가 서 있었다. 그가 오른손의 홀로 무덤을 건드리자 안이 투명해지면서 예수님의 시신이 보였다.

외로운 무덤에 누운 시신은 깨끗한 세마포에 싸여 있었다. 군중들의 소란이 사라진, 고요하고 조용한 분위기 때문에 지켜보는 어린아이들도 마음을 놓을 수 있었다. 그들은 예수님이 고난을 당할 때 보았던 잔인한 장면을 떨쳐낼 수 없었다.

우리가 지켜보면서 정적을 누릴 때 수호천사의 우두머리가 말했다.

"예수님의 시신이 지금 얼마나 차분하고 평온한지 눈여겨보라."

"예수님은 지금 휴식을 취하는 중입니다."

한 음성이 들려왔다. 자비가 무덤 위로 모습을 드러냈다.

"그분은 휴식하고 있습니다. 자신에게 속한 사람들과 함께 무덤에서 잠들어 있습니다. 그분은 무덤을 거룩한 곳으로 만들었습니다. 하지만 다시 일어나실 겁니다. 그뿐 아니라 죽음의 잠을 자는 모두를 역시 깨우실 겁니다."

그때 하늘의 찬양대가 예수님이 누운 무덤으로 내려와서 노래를 시작했다.

평화와 거룩한 안식,
주님의 몸을 포근히 품었네.
고통은 절대 없으리.
하늘의 천사들이여, 거룩한 무덤을 지켜라.
누구도 여기에 들이지 말고
구속자의 몸이 안식하게 하라.
부패하게 하는 세력이 어떤 해도 입히지 않게 하라.
고난을 통해 거룩해진 몸이라.

그러자 엄청난 갈채와 함께 또 다른 천사의 무리가 노래했다.

그는 부활하시네. 가장 높은 하늘에 올라가시네.
그를 중심으로 성도들이 모이네.

죽음이 없는 곳에서 그는
새로운 몸을 입은 성도들을 끌어모으네.

또다시 첫 번째 찬양대가 노래를 불렀다.

하늘은 수금을 다시 들고
그리고 더할 수 없이 아름다운 찬송을 연주한다.
예수님이 깨어나서 영광의 구름으로 올라가리니.
우주가 그의 승천을 함께 찬양한다.
영원한 산들아, 그의 이름을 찬양하고
승리의 노래로 그의 이름을 찬양하라.

거룩한 정적 속에서 휴식하는 예수님의 몸을 바라보자 말로 다 할 수 없는 즐거움이 가득했다. 무덤을 지켜보면서 천사들의 찬양을 듣는 것은 축복이었다.

그것은 사실이었다. 예수님은 무덤을 거룩한 곳으로 바꾸어놓았다. 그 장면을 떠올릴 때마다 내 몸 역시 거기서 안식하는 것 같은 기분이다. 그 무덤에 눕고 싶다. 무덤은 내게 더는 우울한 곳이 아니었다. 그곳은 지상에서 가장 거룩한 곳이었다. 나의 구속자가 잠들었던 그곳에서 그의 몸이 고통을 벗어났다. 그럴만할 때, 그리고 정해진 순간이 닥치면 내 몸은 기쁘게 안식에 들어가서 부활의 아침을 기다릴 것이다.

23.
그가 부활하다

대표 천사가 정적을 깼다.

그가 위에서 내려와 무덤 위에 서서 외쳤다.

"보십시오! 인자가 죽음의 장소에서 돌아오십니다. 보십시오! 정복자가 돌아오십니다!"

예수님이 모습을 드러내고 무덤 사이를 걸어 다니면서 일일이 살펴보았다.

"잠든 내 백성의 몸들이여, 그대들은 지루하고 우울한 밤을 차가운 침상에서 지냈다. 그대들은 내가 구속한 영혼들의 소중한 몸이다. 하지만 그대들이 부활하면 이곳을 덮고 있는 어둠은 생명의 빛 때문에 산산이 흩어질 것이다."

그가 발걸음을 재촉했다.

"나는 이 무덤에 빛을 비추고 죽음과 무덤의 한계를 드러내러 찾아왔다. 벗어날 문을 열러 찾아온 것이다."

그가 잠시 멈췄다.

"내 백성의 거룩한 몸이여, 계속 잠을 자거라. 높은 곳에서 내려온 생명이 이곳을 구속하고 영적으로 만들 때까지 계속 잠을 자거라. 그러면 영원히 변함없는 영적 세계로 들어갈 것이다. 이 잠을 깨우고 생명을 불어넣는 그날까지 계속해서 잠을 자거라. 지금부터 무덤의 암흑은 더는 존재하지 않는다."

그는 위를 올려다보면서 말했다.

"영원한 산들의 파수꾼이여, 내려와서 이곳으로 오라. 내가 이 재들을 모으라고 지시하는 부활의 아침까지 지키고 있으라. 그때 그들은 생명을 회복하고 나의 구속받은 백성들을 위해 새로운 몸으로 변화될 것이다. 그날은 분명히 다가오고 있다."

파수꾼이 지시대로 빛의 산에서 모습을 드러냈다. 그는 강력한 힘을 가졌고, 옷에 달린 수천 개의 십자가가 빛을 반사했다. 그가 예수님께 고개를 숙였다.

"오, 하나님! 당신의 뜻을 따르러 왔습니다."

주님이 대답했다.

"유한한 존재들이 잠든 이 무덤을 지켜라."

그가 홀을 파수꾼의 오른손에 쥐여주었다. 빛나는 손잡이에는 십자가의 형상, 그리고 시험과 십자가의 엄숙한 사건이 그림으로 묘사되어 새겨져 있었다. 예수님이 말했다.

"천국이 부를 때까지 홀을 가지고서 이곳을 지켜야 한다."

파수꾼이 대답했다.

"저를 도와주십시오! 영원히 당신의 뜻을 따르겠습니다."

예수님의 몸이 여전히 누워 있는 외딴 무덤을 다시 바라보았다. 천사들이 그곳을 지키고 있었다. 우리가 보니 성령이 다가오고 있었다.

강력한 음성으로 예수님이 말했다.

"생명을 회복하게 하라! 생명을 불어넣는 성령이 이 몸에 충만하게 하라! 구석구석에 생명이 들어가게 하라! 이 몸이 불멸의 형체로 바뀌게 하라! 몸을 일으켜라!"

성령의 빛이 몸을 감싸자 무덤의 벽과 기초가 흔들리기 시작했다. 땅이 강력하게 몇 번이고 흔들렸다. 그러자 예수님의 몸이 일어섰다. 부활한 것이다.

대표 천사가 큰소리로 외쳤다.

"예수님이 정복하셨습니다! 그분이 승리를 거두셨습니다! 죽음은 그분을 어쩌지 못했습니다! 죽음의 결박을 풀어내셨습니다! 그분은 영원히 살아계십니다! 예수님이 다스리십니다!"

"할렐루야! 아멘! 예수님이 다스리신다!"

수를 헤아릴 수 없을 정도의 천사들이 압도적으로 응답했다.

여전히 그 장면을 지켜보던 정의가 말했다.

"그대들은 승리를 외치지만, 여전히 그분은 죽음과 함께 하고 있소. 그곳을 아직 떠나지 않으셨소."

하지만 예수님은 이미 무덤 밖으로 이어진 거대한 문으로 다가섰다. 그가 손을 뻗어서 육중한 빗장을 만졌다.

"강력한 문이여, 열려라! 나를 가로막는 죽음은 이제 힘을 잃었다. 그의 한계는 분명하다."

즉시 빗장이 땅으로 무너져 내렸다.

폐허 너머를 바라보면서 그가 입을 열었다.

"인간이 타락하고 생명의 법을 어긴 게 사실이다. 그리고 아담의 몸이 흔적도 없이 사라졌듯이 그의 육신 역시 같은 운명을 맞게 될 것이다. 하지만 이제 인간은 내가 인류에게 보여준 생명의 법 때문에 회복될 것이다. 그는 다시 살게 될 것이다! 무덤은 흙으로 돌아간 죽은 자를 더는 지배할 수 없다. 지상과 하늘 사이에도 더는 어둠의 계곡이 영원히 존재하지 않을 것이다."

예수님이 또다시 크게 외쳤다.

"거대한 문이여, 열려라! 그리고 바람들은 그것이 다시는 발붙이지 못하도록 날려버려라!"

순식간에 거대한 문이 눈앞에서 사라졌다. 그러자 예수님은 조용히 잠들어 있는 자들 쪽으로 오른손을 잠깐 움직였다.

"흙으로 빚어진 이 존재들은 깨어날 것이다. 생명을 회복하고 인간의 영혼들이 머무는 곳에 있게 될 것이다."

그런 뒤에 예수님은 어둠을 다스리는 열쇠를 손에 들고 무덤에서 일어났다.

위쪽에 머물던 구름으로부터 음성이 들려왔다.

"이는 내 사랑하는 아들이다. 세상에 평강이 있으라."

내려오던 구름이 예수님께 가까워지자 그곳에서 자비가 나와서 정의에게 말했다.

"이분이 내가 말한 희생제물이십니다. 바로 이분이 승리의 상징입니다. 숨을 거뒀던 예수님의 몸이 이제 무덤에서 부활해서 영원한 존재가 되었습니다. 정의여, 이 희생제물을 이제는 인정하나요?"

정의가 대답했다.

"그분의 몸은 이제 영원한 존재가 되었소. 그러니 내가 어찌 인정하지 않을 수 있겠소."

그러자 자비는 만족해하며 말했다.

"희생제물은 이제 완전해지셨습니다. 거룩한 생명으로 충만하시니 이제 영광을 받으실 거예요. 하나님이 직접 예수님의 형상으로 죄인을 구원하러 찾아오셨습니다. 성실한 목자가 길 잃은 양을 찾아 나서듯 말이에요. 이제는 잃어버린 자에게 구원이 선포되었으니 그것을 받아들이면 낙원에 들어갈 수 있습니다. 예수님이 분노한 원수들을 물리치셨습니다. 마지막 날에 죽음은 죽은 자들을 포기하고, 하나님은 자신을 사랑해서 순종하는 모두를 맞아주실 겁니다."

그러자 정의가 예수님께 말했다.

"당신은 영원무궁한 분이십니다. 왕의 왕, 주의 주이십니다. 당신은 죽음의 열쇠를 쥐고 계십니다. 하늘은 당신의 희생을 인정하고 승리를 축하합니다. 당신의 사명, 시련과 승리는 영원한 보좌에 새겨졌습니다. 당신은 죄인을 위해 희생당한 어린 양이십니다. 당신은 하나님이십니다."

그러고 나서 정의가 예수님을 끌어안았다.

자비가 정의를 돌아보며 물었다.

"타락한 그 죄인도 이제는 하나님의 자비로 구원을 받을 수 있지 않을까요?"

정의가 대답했다.

"하나님은 그리스도를 통해서 인간과 직접 화해하셨소. 그러니 그리스도를 통해서 하나님께 나아가는 사람마다 무죄하다고 인정을 받게 될 것이오. 사람들이 악을 포기하고 주님께로 돌아서면 영원히 의롭게 되고 예수님 안에서 평안을 누리게 될 것이오."

표정이 밝아진 자비가 고개를 들고 하늘을 바라보면서 말했다.

"구원이 완성되었습니다. 오, 하나님! 이제부터 타락한 세상에 당신의 영광이 빛날 것입니다. 영생을 얻는 이마다 당신의 이름을 높일 것입니다."

이 말을 하면서 자비 역시 예수님을 끌어안았다. 그러자 빛나는 구름이 내려와서 정의와 자비를 감쌌다. 서로 분리되었던 둘이 합쳐졌고, 그 이후로 그들은 그리스도 예수 안에서 영원히 하나가 되었다.

그때 구름이 에워싸면서 무수한 음성들이 무덤에서 부활하신 예수님을 찬양했다.

    ＊ ＊ ＊ ＊ ＊

　장면이 바뀌었다. 제자들은 주님의 지시대로 산 정상에 모여 부활을 이야기하고 있었다. 갑자기 빛이 비치더니 그들 가운데 예수님이 나타났다.

　그가 말했다.

　"두려워 말라. 내가 하늘과 땅의 권세를 갖고 있다. 그러니 가서 모든 민족에게 복음을 전하고 아버지와 아들과 성령의 이름으로 세례를 주어라. 내가 가르친 모든 것을 지키도록 가르쳐라. 내가 세상 끝날까지 너희와 함께 있으리라"(마 28:18-20).

　예수님의 당부는 계속되었다.

　"믿는 자들에게는 이런 표적이 따르리니 곧 그들이 내 이름으로 귀신을 쫓아내며 새 방언을 말하며 뱀을 집어 올리며 무슨 독을 마실지라도 해를 받지 아니하며 병든 사람에게 손을 얹은즉 나으리라(막 16:17-18). 그러나 너희가 위로부터 능력을 받을 때까지 예루살렘 성에서 기다리라."

　그런 뒤에 예수님은 손을 들어서 그들을 축복했다. 축복하던 그가 승천하자 구름이 가리어 보이지 않았다.

　하늘을 가득 채운 무수한 천사들이 악기를 들고서 큰소리로 노래했다.

"주 하나님 곧 전능하신 이여, 전에도 계셨고 이제도 계시고 장차 오실 이시라. 오, 주여! 우리가 당신을 찬양하나이다. 당신은 왕의 왕, 주의 주, 알파와 오메가, 처음과 마지막이시라."

제자들은 부활한 주님이 승천하면서 결국 구름에 가려 보이지 않을 때까지 계속 하늘을 바라보았다. 그런 뒤에 그들은 예배하고 나서 말없이 일어나 예루살렘으로 떠났다.

24.
잃어버린 자가 받은 구원

이 장면이 끝나갈 무렵, 한 천사가 나타나서 큰소리로 외쳤다.

"구원이 임하였다! 지상에 거하는 이들아, 힘을 내어 즐거워하라! 유대 지파의 사자 다윗의 뿌리가 이겼으니 그 두루마리와 그 일곱 인을 떼시리라(계 5:5). 널리 주의 은혜의 해, 곧 희년을 전파하라. 가라. 소식을 전하는 이여! 이 하나님의 사랑을 잃어버린 사람들에게 선포하라! 하늘이 복음을 그대로 말하게 하여라. 하나님이 세상을 이처럼 사랑하사 독생자를 주셨으니 이는 그를 믿는 자마다 멸망하지 않고 영생을 얻게 하려 하심이라"(요 3:16).

그런데 천사가 그렇게 외치는 순간에 애절한 음성이 들렸다.

"도와주세요! 너무도 끔찍한 고통을 겪고 있어요! 이 비참하게 죽어가는 인간을 누가 구해줄 수 없나요?"

소리가 나는 쪽에서는 강력한 폭풍이 한창이었는데, 그 사이로 구름 하나가 솟아올랐다. 그 구름 너머로 무서운 불과 연기를 쏟아내는 높은 산들이 보였다.

고통스러워하는 음성이 또다시 들렸다.

"이대로 죽어야 하는 건가요?"

그러자 그 장면에서 등장했던 먹구름이 갈라지면서 희미한 빛이 죽어가는 사내와 그의 가족을 한 번 더 보여주었다. 그들 옆에는 수수한 차림의 한 사내가 손에 책을 들고 서 있었다. 사내가 책을 읽었다.

"수고하고 무거운 짐 진 자들아 다 내게로 오라. 내가 너희를 쉬게 하리라"(마 11:28).

그가 책을 읽자 고통스러워하던 사내가 고개를 들었다. 알 수 없는 존재 때문에 당황한 것처럼 보이는 그가 물었다.

"누가 나를 쉬게 할 수 있다는 말인가요? 지금 누구를 말하는 거죠?"

그가 대답했다.

"모든 이의 구세주, 예수님이 당신을 도울 수 있습니다."

"하지만 나는 조금도 거룩한 데가 없습니다."

주의 사자가 또다시 책을 읽었다.

"오라. 우리가 서로 변론하자 너희의 죄가 주홍 같을지라도 눈과 같이 희어질 것이요 진홍같이 붉을지라도 양털같이 희게 되리라"(사 1:18).

사내가 탄식했다.

"하지만 나는 하늘을 거스르는 죄를 지었습니다."

사자가 거듭해서 책을 읽었다.

"악인은 그의 길을, 불의한 자는 그의 생각을 버리고 여호와께로 돌아오라. 그리하면 그가 긍휼히 여기시리라. 우리 하나님께로 돌아오라. 그가 너그럽게 용서하시리라"(사 55:7).

그리고 덧붙였다.

"건강한 자에게는 의사가 쓸 데 없고 병든 자에게라야 쓸 데 있느니라(마 9:12). 그대가 만일 진심으로 생명을 얻고 싶다면 그렇게 할 수 있습니다. 보세요!"

그가 손으로 위를 가리켰다. 그러자 위에서부터 빛이 비치더니 구속자가 십자가에 달린 모습이 보였다. 그와 동시에 어떤 음성이 들렸다.

"나를 믿는 자는 죽어도 살겠고 무릇 살아서 나를 믿는 자는 영원히 죽지 아니하리니 이것을 네가 믿느냐? …내가 곧 길이요 진리요 생명이니 나로 말미암지 않고는 아버지께로 올 자가 없느니라"(요 11:25-26, 14:6).

그러자 고통을 겪는 사내가 대답했다.

"내가 믿나이다. 나의 믿음 없는 것을 도와주소서"(막 9:24).

그리고 그가 손을 들고 기도했다.

"하나님이여 불쌍히 여기소서. 나는 죄인이로소이다"(눅 18:13).

그러자 한 줄기 빛이 내려와서 그를 비췄고 하나님의 영이 그의 영혼을 가득 채웠다.

"네 죄가 모두 용서를 받았고 상처가 치유되었다. 너를 되살린 성령님이 구원을 받았으니 이제는 일어서라고 말씀하신다."

구속을 받은 사내가 자리에서 일어났다. 얼굴이 완전히 달라진 그는 예배하기 시작했다. 빛이 그를 비추자 십자가의 형상이 그의 내부에 새겨지고 하늘의 법이 그의 가슴에 기록되었다.

여전히 그의 곁에 있던 사자가 책을 읽었다.

"마음이 청결한 자는 복이 있나니 그들이 하나님을 볼 것임이요"(마 5:8).

그러고 나서 사자가 말했다.

"성령님이 그대를 생명으로 인도하셨습니다. 사망에서 생명으로 옮긴 것입니다. 그대는 지금 하나님의 전신갑주를 입었습니다.

가서 하나님의 은총을 들어야 할 모든 이에게 전하라고 성령님이 말씀하십니다. 잃어버린 이들을 찾아가세요. 값없이 받았으니 값없이 주십시오. 맡은 일에 최선을 다해야 합니다. 주님이 다시 오실 때 그분에게 좋은 결과를 드릴 수 있게 조심하십시오."

그가 다시 책을 읽었다.

"보라! 하나님이 너와 함께 하며 힘을 더할 것이라. 주의 은총이 네게 임해 어떤 시험이든 감당할 수 있게 하시리라."

구속받은 사내가 위를 올려다보며 기도했다.

"하나님이여, 저를 도와주소서. 내게 능력 주시는 자 안에서 내가 모든 것을 할 수 있나이다."

그러고 나서 십자가의 종이며 예수님의 대사로 변화된 사내가 산 밑에 펼쳐진 들판을 가리고 있는 구름으로 들어갔다. 그가 떠나는 순간 그의 음성이 들렸다.

"주님, 저는 진정으로 당신의 종입니다. 당신은 저를 모든 속박에서 풀어주셨습니다. 당신의 은혜를 어찌 갚을 수 있겠습니까? 항상 찬송의 제사를 당신에게 드리겠습니다. 하나님이여, 나를 살피사 제 마음을 아시니 저를 시험하사 제 뜻을 아옵소서. 제게 무슨 악한 행위가 있나 보시고 저를 영원한 길로 인도하소서."

그의 마지막 말에 기쁨이 한껏 묻어났다.

"모든 나라여, 주님을 찬양하라. 그의 자비와 은혜는 놀랍도다. 주님을 찬양하라!"

그때 예수님의 어머니 마리아가 이끄는, 구속받은 수많은 영혼이 합류해서 노래했다.

"오, 능력의 주 하나님, 전에도 계셨고 앞으로도 계실 분이시여, 모든 이를 위하여 놀라운 일을 행하신 당신을 찬양합니다! 당신의 길은 공평하고 진실합니다. 당신은 우리를 구속하셨습니다! 우리가 당신을 생각하지 않을 때도 당신의 영은 우리를 살피셨습니다! 당신은 귀한 어린 양이십니다! 당신의 역사는 놀랍습니다! 당신은 그룹 위에 계시고, 당신의 보좌는 영원하고, 당신은 모두를 다스리십니다! 앞으로 영원토록 당신을 찬양하고, 영광 돌리고, 섬기겠습니다! 아멘!"

끝으로, 한 천사가 말했다.

"어린아이들은 이제 더 높은 곳으로 떠날 준비가 되었습니다. 그들은 더 놀라운 일을 익히고 더 크게 성장할 것입니다. 그곳의 영광이 이제 비치고 있고 그들을 인도할 영혼들이 수호천사들로부터 인계를 받고 있습니다. 출발을 허락해 주십시오."

25.
사명을 띤 귀환

마침내 다시 돌아갈 시간이 다가왔다.

어린아이들, 그들을 돌보는 천사들, 그리고 다양한 장면을 통해서 접한 모든 이가 내 주변에 모여서 노래를 불렀다. 그들의 사랑과 말로 다 할 수 없는 소중한 천국이 점점 크게 느껴졌다.

앞서 십자가에 입을 맞추었던 영혼이 전처럼 두 명의 어린아이를 앞으로 인도하고 나서 말했다.

"매리에타, 당신은 이제 우리를 떠나야 해요. 당신을 사랑하는 우리로서는 이 작별이 정말로 슬프네요. 하지만 이것은 주님의 명령이니 즐겁게 따라야 합니다. 매리에타, 당신이 언젠가 정해진 때에 다시 돌아올 것을 알기에 그렇게 서운하지는 않아요."

"그래요, 우리는 그 순간을 기다리고 있어요."

한 사람이 나서서 말했다.

"당신이 하늘나라와 천사들의 예배 같은 아름다운 모습들을 볼 수 있어서 정말 행복했어요. 하지만 그보다 더 중요한 것은 우리가 진정으로 하늘 아버지를 찬양하면서 당신에게 어린아이들이 어떻게 인간의 악한 본성에 관해서 배우고, 하나님이 어떻게 구속할 준비를 하고 계시는지를 보여줄 수 있었다는 거예요. 구속자가 당신을 받아주시고 축복하셨다는 사실을 아는 것은 대단한 일이에요. 우리는 정말 당신을 사랑해요. 당신이 돌아올 때까지 거룩한 성문 앞에서 끈기 있게 기다릴게요. 그때는 정말 행복하겠죠!"

그리고 나서 모두가 나를 둥글게 에워쌌다. 처음으로 말을 걸어온 영혼이 나를 안아주자 그것만으로도 그들의 사랑이 고스란히 느껴졌다. 지금 그 장면을 생각만 해도 말할 수 없는 평안과 즐거움이 느껴진다.

계속해서 그 영혼이 두 명의 어린아이를 내게 인도했다. 아이들이 팔로 나를 감싸주면서 여러 번 입을 맞췄다. 그리고 말했다.

"매리에타, 세상에 돌아가면 우리를 사랑하고 우리의 죽음 때문에 슬퍼한 분들에게 여기서 행복하게 지낸다고 전해주세요. 우리는 절대 슬프지 않다고 말해주세요. 언제나 천사들과 함께 지내면서 예수님과 모두에게 사랑을 받고 있고, 우리가 그분들이 여기에 도착할 때까지 참고 기다리고 있다는 것도 알려주세요. 매리에타, 사랑해요. 다시 만나요."

그때 예수님이 구름에서 내려오셨다. 예수님은 내 머리에 손을 얹고 말씀하셨다.

"나의 자녀야, 네가 돌아가는 게 중요하단다. 네가 반드시 해야 할 일이 있을 거야. 제대로 사명을 감당해야 한단다. 기회가 있을 때마다 사람들에게 네가 보고 들은 것을 알려야 한다. 네가 할 일을 마치고 때가 되면 천사들이 죽음의 문에서 너를 기다리다가 평강의 나라, 이곳으로 너를 인도할 거야. 슬퍼하지 말아라. 은총이 함께 할 것이다. 고난을 겪더라도 도움받게 될 것이란다."

그러고는 천사가 건네준 황금 잔을 내 입에 가져다 댔다. 그것을 마시자 내 안에 새로운 생명과 용기가 충만해져서 이별을 감당할 수 있게 되었다. 나는 허리를 굽혀 예수님을 예배했다.

예수님은 오른손으로 나를 들어 올리며 말씀하셨다.

"어둠의 세계에서 온 자녀여, 너는 구속과 영원한 축복을 받았다. 최선을 다해라. 지상에서 너의 시간이 다하면 하나님의 즐거움을 누리게 될 것이다."

계속해서 예수님은 올리브 가지를 내 손에 올려놓았다.

"네가 배운 대로 이것을 세상에 가져가거라."

또다시 예수님이 내 머리에 손을 얹자 내 영혼에 빛과 사랑이 충만해졌다.

이별의 순간이 되었다. 나는 사랑스러운 도시와 그곳에 사는 행복한 이들을 둘러보았다. 나는 영생의 축복을 허락하고, 구속자인 예수님을 통해 은총을 선물한 것에 대해서 하나님께 감사했다. 모두의 앞에서 주님을 향해 손을 들고 나를 축복하신 예수님의 사랑 안에 거할 수 있게 도움을 구하는 기도를 했다. 그러자 천사들의 손에 이끌려 주님을 처음 만났던 성전 문으로 갔다.

그때 천사들이 하나님과 어린 양을 노래했고, 안내자와 함께 나는 세상으로 내려왔다. 내 육신이 누워 있는 방에 들어서자 나는 곧 깨어났다.

지금 나는 약속된 순간을 인내하면서 기다리고 있다. 그때 앞으로 겪게 될 기쁨을 확신하게 된 행복한 곳으로 가서 영원히 즐거움을 누리게 될 것이다. 예수님 안에서 소망을 갖게 한 하나님을 찬양한다. 그곳은 무엇과도 바꿀 수 없을 정도로 소중하다.

육신을 벗고 낙원에 도착하면 순결하고 온전한 마음으로 하나님을 찬양할 것이다. 나의 구속자의 이름을 영원히 찬송할 것이다.

26.
매리에타에 대한 증언들

| 출판사 대표의 증언 |

별다른 관심을 갖지 않았음에도 이 책에 쏠리고 있는 관심 덕분에 이 책이 이 시대를 위한 책이 될 것이라는 우리의 첫 인상은 증명이 되었다. 이 책은 현세대가 직관적으로 느끼고 있는 내면의 부족한 영역을 보충해 줄 것이다.

이 책은 판을 거듭하면서 책을 읽는 이들의 손에 조용하게 전달되었다. 곳곳에서 우리에게 격려의 소식이 전해졌고, 이 작품 때문에 도움받은 이들의 한결같은 증언이 답지했다.

이 작품은 젊은 여성의 영혼이 직접 경험한 무덤 너머의 장면들을 건전한 신학과 순수한 신앙적 열정과 탁월한 글쓰기를 통해서 묘사하고 있다. 덕분에 그리스도인들이 계시록에 기록된 진리들을 믿는 데 분명히 큰 도움이 될 것이다. 이것은 인간의 구속에 대한 위대한 계획 — 천사들도 살펴보기를 원하는 것 — 을 생생하게 제시하고 있어서 특히 요즘의 젊은이들이 기독교의 사랑에 눈을 뜨게 하는 데 적합하다.

나는 젊은이들이 이 작품의 영향을 받는 것을 목격했다. 그들은 매리에타의 흥미진진한 일화를 들으면서 그녀의 영혼이 목격한 연속적인 환상들, 즉 파괴되고 황량해진 인류의 구속을 위해서 구유에서 태어나 슬픔에 익숙하고 죽음을 경험하며 무덤을 이겨낸 구속자에 대해서 아기들이 배우고, 그를 알고 사랑할 수 있다는 것에 빠져들었다.

나는 계시록을 집필한 요한이 밧모섬에서 무덤 너머의 장면을 목격했듯이 매리에타 데이비스 역시 동일한 것을 직접 보고 들었다고 확신한다. 그러한 진실이 마음에 전해져서 그리스도인들의 사랑을 받게 된다면 그것은 정말 당연한 일이다.

출판인 스티븐 듀얼

다음은 매리에타 데이비스의 어머니와 자매들, 그리고 의학박사 에머슨 헐의 증언이다. 에머슨 헐은 버린(Berlin)에서 오랫동안 수련의 과정을 밟았고 지금은 저명한 외과의사이다. 출판사는 그의 증언을 일부만 확보했지만 일화의 신빙성을 증명하는 데는 그것으로 충분하다.

| 가족의 증언 |

J. L. 스캇 목사님께

매리에타 데이비스가 의식을 잃은 일을 목사님이 〈마운틴 코브 저널〉에 소개하는 바람에 몇몇 독자들이 실제로 그런 일이 있었는지 묻는 편지를 보내왔습니다. 이런 이유와 목사님의 난처함을 해소하는 데 도움이 되도록 다음과 같이 진술합니다.

매리에타 데이비스는 우리 가족입니다. 우리 마을에서 태어났고, 세상을 뜰 때까지 이곳에서 살았습니다.

매리에타는 신앙생활에 개방적이지 않았습니다. 신앙적인 회심도 내켜하지 않았습니다. 목사님이 아시듯이, 1847~1848년 겨울에 열린 부흥회를 통해서 신앙생활을 하게 되었지만, 다른 이들처럼 확실한 믿음을 발견하고서 복음의 진리 속에서 또래 젊은이들과 어울릴 정도는 아니었습니다. 8월에 매리에타는 잠, 혹은 혼수상태에 빠져서 깨어나지 못했습니다. 그 상태가 9일간 계속되었습니다. 그리고 잠에서 깨어난 뒤에는 천국에 다녀왔다고 했습니다. 그곳에서 세상을 떠난 오랜 친구들과 친척들, 그리고 구속자이신 예수님을 만났다고 말했습니다. 이후로 예수님을 통한 천국에 대한 소망이 강력해졌고, 평안의 낙원에 들어갈 수 있도록 최종적으로 허락을 받았다는 것 때문에 즐거워했습니다.

의식을 되찾고 나서 잠시 우리와 함께 지내면서 잠자는 동안 자신이 보고 듣고 배운 것을 소개했습니다. 하지만 세상이 감당할 준비가 되어 있지 않아서 말하고 싶은 내용을 상당 부분 말할 수 없다고 했습니다. 우리가 기억하는 한 목사님이 기사화한 것처럼 잠이 들었던 것은 사실입니다. 목사님이 아주 간단하게 설명했을 뿐입니다. 매리에타는 1848년 8월에 잠에 빠졌습니다. 그리고 다음해 3월에 이미 예견한 대로 세상을 떠났습니다.

어머니 낸시 데이비스
자매 수잔 데이비스 / 자매 새라 앤 데이비스 올림

J. L. 스캇 목사 귀하

1848년 여름에 목사님과 함께 나는 이 마을의 낸시 데이비스라는 과부를 방문했습니다. 그녀의 딸 매리에타 데이비스의 주치의 신분이었습니다. 매리에타는 9일 동안 긴장병성 혼미증, 혹은 혼수상태였고, 인간적인 방식으로는 손을 쓸 수 없었습니다. 정상적인 상태로 돌아오자 그녀는 아주 놀라운 일들을 설명했습니다. 자신이 혼수상태에 있을 때 배운 것들이라고 말했습니다.

목사님이 〈마운틴 코브 저널〉에 소개한 기사를 읽고 난 뒤에 나는 그녀가 세상을 떠나기 전에 들었던 내용을 정확하게 전달하려고 증언을 준비하게 되었습니다.

의학박사 에머슨 헐 올림

J. L. 스캇 목사 귀하

나는 지금 매리에타 데이비스의 「천국에서 보낸 9일」 가운데 앞부분을 표현할 수 없을 만큼 즐겁게 읽었습니다. 내용은 내가 읽은 그 어떤 작품보다 잃어버린 인간의 상태, 주 예수 그리스도를 통한 구속을 탁월하게 다루어서 전국 모든 가정에 그것을 보급해야 한다는 생각을 금할 수 없을 정도입니다.

풍요롭고 정결한 방식과 시적 웅장함과 탁월한 비유는 독자로 하여금 넋을 놓게 만들고, 매리에타의 영혼과 함께 어둡고 불완전한 이 세상을 넘어서서 하늘나라에 거주하는 이들을 사로잡는 황홀한 장면의 관객이 되게 합니다. 그리고 그녀가 계시를 받은 것처럼 독자 역시 인간이 죄의 소굴에 얼마나 깊게 빠졌는지 절실히 깨닫게 되고, 구속의 과정에서 끝없이 주어지는 자비를 생각하느라 방향을 잃게 됩니다.

계시된 대로 정의와 자비, 구원 계획을 목적하고 완성하는 구세주의 온순함, 사랑, 고난을 묘사하는 그녀의 능력은 단연 발군입니다. 아울러서 이 세상을 떠난 아기들을 우리가 기대하는 최상의 축복으로 완벽하게 받아들이는 낙원에서 그녀가 목격한 것들 때문에 독자는 황홀해집니다.

나의 언어로는 이야기를 읽는 동안, 그리고 어떤 이유로든 간에 영혼이 새로워지는 느낌(그리고 그녀가 목격했다고 생각하는 것)을 어떤 식으로든지 설명할 수 없습니다. 누구든지 각기 다른 관심을 갖고 읽더라도 지속적인 도움을 받을 수 있다고 나는 생각합니다.

그래서 나는 이 책이 전국 방방곡곡에 보급될 수 있기를 간절히 바랍니다. 기독교에 대한 불신의 파괴적 영향에 충분히 맞설 수 있는 내용을 포함하고 있어서 신앙과 무관한 사상이 자주 거론되는 곳에 특히 효과적일 것입니다.

루벤 밀러 목사 올림

| J. L. 스캇 목사의 증언 |

「천국에서 보낸 9일」이라는 제목으로 이제 대중에게 선보이는 이 작품은 충분한 근거를 갖고 있다. 뉴욕 주의 버린에서 어머니 낸시 데이비스와 함께 지내던 매리에타 데이비스라는 젊은 여성은 1848년 여름, 9일간 잠, 혹은 혼수상태에 빠졌다. 친구들과 의사가 이 비정상적인 상태를 벗어나게 하려고 온갖 노력을 다했지만 소용이 없었다. 결국 의식을 회복했는데, 몸을 움직이는 데 조금도 지장이 없었고 지각능력은 아주 탁월했다.

그녀는 혼수상태에 빠지기 전에 자신의 미래를 놓고 상당히 깊게 생각했지만, 오래된 의심 때문에 적잖이 어려움을 겪었다. 어머니와 자매들은 나의 지도를 받으면서 버린의 침례교회에 모범적으로 출석했지만, 매리에타는 의심 때문에 가족이 확신하는 소망을 제대로 누리지 못한 것 같다.

그런데 여러 날을 혼수상태로 지내다가 깨어난 그녀는 자신이 보고 들었던 대단한 것들을 무척 즐거워하면서 말했다. 입을 열 때마다 하나님을 찬양했고, 가슴은 하나님의 자비에 대한 감사로 넘쳤다. 그녀는 자신의 몸이 죽은 것처럼 누워 있었을 때 영혼은 영원한 세계를 여행했다고 주장했다. 친구들에게 자신이 잠시 그곳을 다녀왔지만, 하늘 아버지의 나라에 마련된 거처에서 지내기 위해 얼마 지나지 않아서 세상을 떠나야 한다고 말했다.

그 이후 7개월이 지나자 직접 예견한 대로 숨을 거뒀다. 그녀는 작별의 순간을 아주 정확하게 알고 있었기 때문에 그때가 닥치자 찬송을 골라서 가족과 함께 부르기 시작했다. 그리고 가족들이 찬송을 부르는 동안에 그녀의 영혼이 아주 조용히 떠나서 누구도 알아차리지 못했다. 그렇게 지상에서 친구들과 함께 시작된 찬송은 분명히 하늘에서 천사들과 더불어서 끝마쳤을 것이다.

매리에타가 이야기를 풀어가는 방식은 독특하다. 그녀는 영광스러운 천상의 세계를 소개하기 위해서 자신이 보고 들은 내용을 제대로 전달하지 못하는 것을 안타까워했다. 내가 보기에 그녀는 이야기 방식을 자유롭게 변경하지 않은 것 같았고, 가능한 한 자신의 언어를 활용했다. 직접 이야기를 듣고 나서 실제로 그녀의 경험과 연결하려고 모아두었다.

혼수상태에서 경험한 내용은 고상했고 그리스도 중심적이었다. 그래서 그것의 영향력은 유익하고 거룩했다. 이렇게 확신한 나는 대중에게 이 이야기를 소개했다. 그리스도인이 집중해서 읽으면 기쁨과 용기를 얻고, 세상 사람의 생각을 물질 너머로 인도할 수 있다.

그녀의 광범위한 영적 세계를 뒤따르다 보면 모든 것을 잊어버린 채 영광스럽고 화려한 천국이 눈앞에 펼쳐지는 것 같은 상상을 하게 된다. 황금 수금과 천사의 음성이 하나님께 바치는 찬송을 연주하는 다양한 장면을 직접 보는 듯하다. 아기들의 낙원을 황홀하게 지켜보고, 거룩한 곳에 거주하는 이들의 질서와 조화를 직접 경험하는 것처럼 느껴진다. 그녀의 이야기가 앞으로, 또 위로 진행되면서 우리는 영적으로 성도와 천사와 함께 되살아나서 천국의 거주자들과 익숙해지는 느낌을 갖게 된다. 그러면 우리는 이런 탄성을 지를 수밖에 없다.

"매리에타! 천국이 기뻐하는 이여, 우리는 그대의 영혼이 경험한 것을 즐겁게 읽으면서 환상을 소개하게 만든 섭리에 감사합니다!"

J. L. 스캇

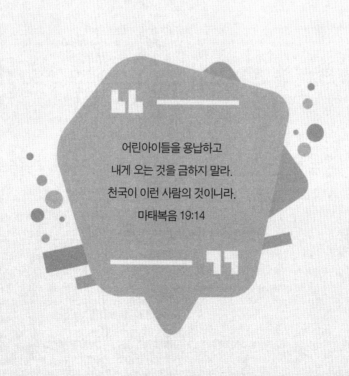

어린아이들을 용납하고
내게 오는 것을 금하지 말라.
천국이 이런 사람의 것이니라.
마태복음 19:14

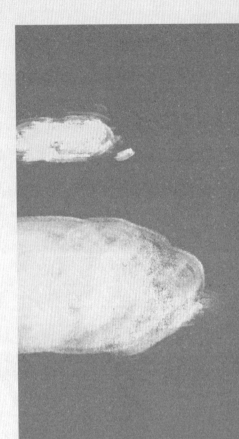

― 흔들릴 수 없는 성경적 구원의 확신 ―

특별수록된 이 내용은 그리스도인이 천국에 관한 비전을 갖기 이전에
구원에 대해 흔들리지 않는 확신이 필요하기에 특별히 수록한 내용입니다.
이 내용은 양형주 목사의 저서 「정말 구원받았습니까」와
김창대 교수의 저서 「거침없이 빠져드는 성경 테마 여행」에서 발췌한 내용으로
구원에 대해 흔들리지 않는 성경적 믿음을 주는 소중한 자료입니다.

특·별·수·록·1
·
·
·

구원의
과거, 현재, 미래

* * * * *

이단들의 가르침을 보면 성도의 구원을 흔드는 것이 많다. 그
중에 구원의 과거, 현재, 미래시제와 관련한 질문이 꽤 많다.

- 당신은 정말 구원받았는가? 그렇다면 몇 년, 몇 월, 몇 시에
  구원받았는가? (과거)
- 당신의 지금 현재 상태가 구원받은 것이 맞나? 두렵고 떨림
  으로 구원을 이루어가라(빌 2:12)고 했는데, 당신은 구원을
  이루어가는 중인가? (현재)
- 당신은 장차 하나님의 심판대에서 확실히 구원받을 것인가?
  예수께서 주여 주여 하는 자들을 모른다고 하시며 내게서

떠나가라고 하셨는데, 나는 바깥 어두운 곳으로 쫓겨나지 않을 자신이 있는가? (미래)

주의할 것은 구원을 이러한 과거, 현재, 미래의 구분된 문제로 이해하려 하다가는 자칫 확신을 잃고 두려움에 빠지기 쉽다는 점이다. 그렇다면 성경은 구원의 시제를 어떻게 말하고 있을까? 놀랍게도 성경은 구원을 과거시제로도, 현재시제로도, 미래시제로도 진술하고 있다.

구원의 과거시제 : 이미 구원을 얻었다

성경은 신자가 그리스도를 믿음으로 '이미'(already) 구원을 받았다고 말씀한다. 아래의 구절을 살펴보자.

"내가 진실로 진실로 너희에게 이르노니 내 말을 듣고 또 나 보내신 이를 믿는 자는 영생을 얻었고 심판에 이르지 아니하나니 사망에서 생명으로 옮겼느니라"(요 5:24).
"모든 사람이 죄를 범하였으매 하나님의 영광에 이르지 못하더니 그리스도 예수 안에 있는 속량으로 말미암아 하나님의 은혜로 값없이 의롭다 하심을 얻은 자 되었느니라"(롬 3:23-24).

"그러므로 이제 그리스도 예수 안에 있는 자에게는 결코 정죄함이 없나니 이는 그리스도 예수 안에 있는 생명의 성령의 법이 죄와 사망의 법에서 너를 해방하였음이라"(롬 8:1-2).

"그 기쁘신 뜻대로 우리를 예정하사 예수 그리스도로 말미암아 자기의 아들들이 되게 하셨으니…. 우리는 그리스도 안에서 그의 은혜의 풍성함을 따라 그의 피로 말미암아 속량 곧 죄 사함을 받았느니라"(엡 1:5,7).

"허물로 죽은 우리를 그리스도와 함께 살리셨고 (너희는 은혜로 구원을 받은 것이라)"(엡 2:5).

"너희는 그 은혜에 의하여 믿음으로 말미암아 구원을 받았으니 이것은 너희에게서 난 것이 아니요 하나님의 선물이라"(엡 2:8).

"그가 우리를 흑암의 권세에서 건져내사 그의 사랑의 아들의 나라로 옮기셨으니 그 아들 안에서 우리가 속량 곧 죄 사함을 얻었도다"(골 1:13-14).

"그런즉 누구든지 그리스도 안에 있으면 새로운 피조물이라. 이전 것은 지나갔으니 보라. 새 것이 되었도다"(고후 5:17).

"누구든지 그리스도와 합하기 위하여 세례를 받은 자는 그리스도로 옷 입었느니라"(갈 3:27).

"새 사람을 입었으니 이는 자기를 창조하신 이의 형상을 따라 지식에까지 새롭게 하심을 입은 자니라"(골 3:10).

이와 같은 구절들은 신자의 구원이 '이미' 이루어진 것으로 말씀한다. 성도는 이미 그리스도 안에서 죄 사함을 받고 구원을 얻었다! 주목할 것은 여기서 구원을 진술할 때 그리스도 '안에' 또는 '함께'라는 표현이 종종 등장한다는 점이다. 이는 우리의 구원이 그리스도 안에서 혹은 그리스도와 함께 이미 일어난 과거의 사건임을 의미한다. 또 구원의 과거시제로 사용되는 표현으로 '옷 입는다'는 표현이 있다. 고대 근동에서 낡은 옷을 벗어버리고 새로운 옷으로 갈아입는 것은 신분의 변화를 의미한다(창 41:42, 눅 15:22 참조). 그리스도를 입은 것은 믿음으로 말미암아 의롭다 함을 받고 하나님 자녀의 신분을 얻었음을 의미한다. 이는 신자가 믿음으로 말미암아 그리스도 안에 거함으로 일어나게 되는 신분의 변화를 가리킨다.

구원의 현재시제 : 구원, 이루어가는 중

성경은 신자가 구원을 이루어가고 있는 존재로 진술한다. 성도는 '이미' 구원 얻은 자이지만 동시에 '지금' 구원을 이루어가고 있는 자이기도 하다.

"십자가의 도가 멸망하는 자들에게는 미련한 것이요 구원을 받는(being saved) 우리에게는 하나님의 능력이라"(고전 1:18).

여기서 구원은 현재진행형 분사로 현재 이루어지고 있는 사건임을 진술한다. 이러한 구원사건은 지금 계속되며 마지막 예수 그리스도께서 재림하실 때까지 계속된다. 그리스도 안에서 현재 진행 중인 구원을 끝까지 이루어가는 것이 중요하다. 그렇게 하면 장차 그리스도께서 재림하실 때 책망할 게 없는 자로 서게 될 것이다.

"주께서 너희를 우리 주 예수 그리스도의 날에 책망할 것이 없는 자로 끝까지 견고하게 하시리라"(고전 1:8).

하지만 이러한 현재시제의 구원에는 주변의 저항과 공격이 있다. 특히 공동체의 분열과 상처와 아픔은 교회를 이탈하고 믿음생활을 실족하게 한다. 그래서 성경은 긴장을 늦추지 말고 공동체적 차원에서 같은 마음, 같은 뜻, 같은 사랑으로 다툼을 자제하고 겸손한 마음으로 공동체의 하나 됨을 이루어가라고 권면한다.

"그러므로 나의 사랑하는 자들아 너희가 나 있을 때뿐 아니라 더욱 지금 나 없을 때에도 항상 복종하여 두렵고 떨림으로 너희 구원을 이루라"(빌 2:12).

특별히 여기서의 구원은 공동체의 지체가 함께 힘을 합하여 날마다 현재적으로 이루어갈 구원의 차원임을 주의할 필요가 있다.

때때로 성도가 이루어가는 현재적 구원은 곤고함과 절망에 가까운 탄식을 쏟아내기도 한다.

"오호라. 나는 곤고한 사람이로다. 이 사망의 몸에서 누가 나를 건져내랴"(롬 7:24).

성도의 괴로움과 치열함이 물씬 배어나는 이러한 고백은 죄와 사망의 공중권세 잡은 세력들의 집요한 공격에 맞서 분투하는 성도의 종말론적 긴장을 보여준다. 성도 개인의 힘과 능력을 바라보면 절망스럽다. 그러나 이것은 신자 개인의 힘으로 이루어내는 구원이 아니다. 이는 신자와 함께하는 성령께서 주권적으로 역사하며 이루어가는 구원이다. 만약 성령이 신자 안에 거하시면 육신에 지지 않고 하나님을 기쁘시게 하는 자로 구원을 이루어갈 수 있다.

"만일 너희 속에 하나님의 영이 거하시면 너희가 육신에 있지 아니하고 영에 있나니 누구든지 그리스도의 영이 없으면 그리스도의 사람이 아니라. …너희가 육신대로 살면 반드시 죽을 것이로되 영으로써 몸의 행실을 죽이면 살리니 무릇 하나님의 영으로 인도함을 받는 사람은 곧 하나님의 아들이라"(롬 8:9, 13-14).

그뿐만이 아니다. 우리 안에 계시는 성령은 날마다 말할 수 없는 탄식으로 우리를 위하여 친히 간구하시며 우리의 연약함을 도우신다(롬 8:26). 이러한 현재적 믿음의 분투를 에베소서는 의와 진리의 거룩함으로 지으심을 받은 새 사람을 입는 과정으로 묘사한다.

"오직 너희의 심령이 새롭게 되어 하나님을 따라 의와 진리의
거룩함으로 지으심을 받은 새 사람을 입으라"(엡 4:23-24).
"오직 주 예수 그리스도로 옷 입고 정욕을 위하여 육신의 일을
도모하지 말라"(롬 13:14).

주목할 점은 새 사람을 입는 중에 역사하는 성령의 역할이다.
성령은 신자의 심령을 새롭게 하여 변화시키고, 의와 진리로 신자
를 새롭게 옷 입힌다. 이를 가리켜 로마서 12장 2절은 "너희는…
마음을 새롭게 함으로 변화를 받아"라고 말씀한다. 또 '옷 입는
다'는 것은 새로운 신분과 권세를 받았음을 나타낸다. 성도는 하
나님 자녀의 신분과 그리스도의 권세가 부여되었기에 이제 왕의
자녀로서 '예수의 이름'으로 담대히 기도하며 거룩함을 이루어갈
수 있다.

구원의 미래시제 : 장차 얻을 구원

성경은 '이미' 얻은 구원과 '현재' 이루어가는 구원,
그리고 '장차 완성'될 최종적인 미래시제의 구원을 말씀한다. 구

원을 미래시제로 진술하는 구절들을 검토하면 다음과 같다.

"그러면 이제 우리가 그의 피로 말미암아 의롭다 하심을 받았
으니 더욱 그로 말미암아 진노하심에서 구원을 받을 것이니"
(롬 5:9).

이 구절은 칭의 이후 신자가 받아야 할 최종적인 구원이 있음
을 암시한다. 그리고 최종 구원에 이르기를 더욱 사모할 것을 촉
구한다.

"또한 너희가 이 시기를 알거니와 자다가 깰 때가 벌써 되었으
니 이는 이제 우리의 구원이 처음 믿을 때보다 가까웠음이라"
(롬 13:11).

여기서 구원은 '이미' 일어난 과거의 사건이 아니라 '장차' 다
가올 미래의 최종적인 사건으로 진술한다. 그렇다면 최종적인 구
원은 어떤 상태일까? 다음 구절은 이를 잘 보여준다.

"그뿐 아니라 또한 우리 곧 성령의 처음 익은 열매를 받은 우리

까지도 속으로 탄식하여 양자 될 것 곧 우리 몸의 속량을 기다리느니라"(롬 8:23).

최종적인 구원은 몸의 속량을 포함한다. 이는 곧 몸의 부활을 가리킨다. 구원 서정에서 살펴본 것처럼 몸의 부활이 있어야 성도의 최종적인 영화가 완성된다. 성경은 몸의 속량이 성령의 주권적 역사로 일어나는 것임을 진술한다.

"예수를 죽은 자 가운데서 살리신 이의 영이 너희 안에 거하시면 그리스도 예수를 죽은 자 가운데서 살리신 이가 너희 안에 거하시는 그의 영으로 말미암아 너희 죽을 몸도 살리시리라"(롬 8:11).

하나님의 거룩한 영이신 성령은 부활의 첫 열매되신 예수 그리스도를 죽은 자 가운데서 살리셨고, 종말에 신자들의 죽을 몸을 부활시켜 최종적인 구원을 완성하실 것이다. 그리하여 인간에게 전가된 죄책뿐만 아니라 죄의 부패성을 완전하게 극복하실 것이다.

"참으로 우리가 여기 있어 탄식하며 하늘로부터 오는 우리 처소로 덧입기를 간절히 사모하노라"(고후 5:2).

고린도후서 본문은 최종 부활을 부활의 몸을 '덧입는다' 라고 표현한다. 앞서 살펴본 것처럼 신약성경에서 구원을 묘사하는 '옷 입는다' 는 표현도 과거, 현재, 미래의 시제가 사용되었다. 이는 그리스도로 옷 입고 신분의 변화를 '이미' 얻은 신자가(갈 3:27) '날마다' 의와 진리의 거룩함으로 새 사람을 입고 삶의 변화를 구체화하며(엡 4:24), '마침내' 우리가 입어야 할 영광스러운 부활의 몸을 입는 것을 의미한다. 성경은 이러한 미래의 최종적인 구원을 확신하며 성도들에게 성화를 날마다 이루어갈 것을 권고한다.

"평강의 하나님이 친히 너희를 온전히 거룩하게 하시고 또 너희의 온 영과 혼과 몸이 우리 주 예수 그리스도께서 강림하실 때에 흠 없게 보전되기를 원하노라. 너희를 부르시는 이는 미쁘시니 그가 또한 이루시리라"(살전 5:23-24).
"너희 안에서 착한 일을 시작하신 이가 그리스도 예수의 날까지 이루실 줄을 우리는 확신하노라"(빌 1:6).

'그리스도 안에' 성령으로 역사하는 구원 서정

구원의 시제를 과거, 현재, 미래로 분리할 때 자칫 구원에 대한 오해와 불안이 생길 수 있다. 그렇다면 구원의 세 가지 시제를 건강하고도 통합적으로 이해할 방법이 없을까? 그 핵심에 바로 '그리스도 안에'(in Christ)서 이루어지는 신비로운 '그리스도와의 연합'(union with Christ)이 있다. 성경에는 '그리스도 안에' '주 안에' '아들 안에' '그리스도와 함께' 등 그리스도와의 연합을 나타내는 표현이 많이 등장한다. '그리스도 안에'라는 문구는 신약성경에 총 76회 등장하는데 이중 베드로전서에서 3회 사용된 것을 제외하고 바울서신 안에서 무려 73회나 등장한다. 성도는 "그리스도 예수 안에 있는 신실한 자들"(엡 1:1)이다. 성령은 신자를 그리스도와 연합하게 하시는데 이 연합으로 말미암아 하나님은 "허물로 죽었던 우리를 그리스도와 함께 살리셨고, 또 함께 일으켜 그리스도 안에서 함께 하늘에 앉히셨다"(엡 2:5-6 참조). 구원의 과거, 현재, 미래의 모든 것이 '그리스도 안에' 있는 성도의 실존에서 통합된다. 이를 도표로 나타내면 위와 같다.

이 도표에는 서로 반대 방향으로 크게 상충하는 긴장된 힘이 있다. 그것은 공중권세 잡은 사탄이 휘두르는 옛 창조의 힘과 예수

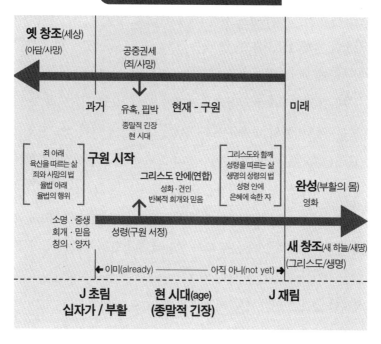

그리스도 안에 있는 구원 서정

옛 창조(세상)
(아담/사망)

공중권세
(죄/사망)

과거   유혹, 핍박   **현재 - 구원**   미래
종말적 긴장
현 시대

죄 아래   **구원 시작**   그리스도와 함께
육신을 따르는 삶   성령을 따르는 삶
죄와 사망의 법   **그리스도 안에**(연합)   생명의 성령의 법
율법 아래   성화·견인   성령 안에   **완성**(부활의 몸)
율법의 행위   반복적 회개와 믿음   은혜에 속한 자   영화

소명 · 중생   **새 창조**(새 하늘/새땅)
회개 · 믿음   성령(구원 서정)   (그리스도/생명)
칭의 · 양자

← 이미(already) ——————— 아직 아니(not yet) →

J 초림   **현 시대**(age)   **J 재림**
십자가 / 부활   (종말적 긴장)

그리스도의 십자가와 부활로 이 땅에 침투한 새 창조의 힘이다. 사탄이 공중권세를 휘두르는 기간은 얼마 남지 않았다(계 12:12). 곧 다가올 그리스도의 재림과 함께 옛 시대(age)는 끝난다. 이와는 반대로 그리스도의 십자가와 부활로 시작된 새로운 시대(age)는 그리스도의 재림과 함께 영광스럽게 완성된다. 그리스도의 초림과

특별수록 1. 구원의 과거, 현재, 미래

재림 사이, 즉 다가올 시대를 기다리는 현 시대(this present age, 롬 12:2)에는 옛 창조의 힘과 새 창조의 힘이 부딪치는 종말론적 긴장을 형성한다. 왜냐하면 예수 그리스도의 새 생명이 현 시대를 침투하여 시작되었기 때문이다.

새 생명의 시작은 성령의 효과적인 부르심으로 시작된다. 성령은 부르신 이들의 내면을 효과적으로 변화시켜 그리스도 안으로 들어갈 준비를 시키시고, 예수 그리스도를 믿고 돌이킬 수 있는 믿음과 회개를 주신다. 신자는 믿음으로 사법적 칭의를 얻어 그리스도 안에서 연합하여 의롭게 된다(갈 2:17). 이러한 그리스도와의 연합은 취소될 수 없는, 삶의 변화에 우선되는 강력한 법적 측면을 지닌다. 그리스도 안에 법적으로 연합한 신자는 하나님의 공식적인 양자가 된다. 양자의 본분은 입양 후 기분에 따라, 또는 사소한 행동에 따라 쉽게 취소될 수 있는 것이 아니다. 양자 됨은 사법적 판결에 근거하는 것이기 때문이다. 이러한 것들이 주로 단회적 과거동사를 사용하여 진술했던 구원의 과거시제에 해당하는 구원 서정이다.

구원의 현재시제는 그리스도 안에 있는 성도의 현재적 서정의 역사를 보여준다. 성도는 그리스도 안에 거하며 성령의 능력으로 거룩해지며(성화), 하나님의 사랑에서 끊어지지 않고 끝까지 보호하심을 얻어 견고하게 서게 된다(견인). 혹여나 그리스도와의 관계가 어긋나더라도 성령의 책망으로 다시 반복적으로 회개하고 거듭 그리스도를 붙들며 나아간다.

구원의 미래시제는 그리스도 안에 있는 최종 심판과 성도의 영화를 가리킨다. 그리스도 안에 연합한 성도는 그리스도의 의를 힘입어 장차 올 최후 심판에 정죄함 없이 의롭다 하심을 선언받을 것이다. 이런 면에서 그리스도 안에 연합한 신자의 칭의는 미래의 종말로 연결된다. 그리스도 안에서 최종적인 종말적 칭의를 확정받은 성도는 그리스도의 재림 때 그의 썩을 몸이 영광스러운 몸으로 부활하여 그의 의를 최종적으로 입증하게 된다. 그리스도께서 부활하심으로 의롭다 선언받으신 것은 또한 신자의 칭의를 위해서 부활하신 것이기도 하다(롬 4:25). 그와 연합한 신자는 마지막 때 그리스도의 부활에 참여함으로 최종적인 칭의를 경험한다. 이때 신자는 완전한 새 생명을 입고 그의 몸이 영광스럽게 부활하여 온전히 그리스도를 닮는다. 이로써 성도의 구원 서정은 최종적으로 완성된다.

'그리스도 안에' 일어나는 성령의 연합은 '그리스도와 함께' '그리스도 안으로' '그리스도를 통해' 등으로도 사용된다. 이는 모두 그리스도와의 연합을 가리키는 표현들로 신자가 경험하는 신비로운 영적 실재(reality)이기도 하다. 더 나아가 성경은 우리가 '그리스도 안에' 거하는 것은 그리스도가 '우리 안에' 거하는 상태임을 말씀한다. 이는 그리스도와의 연합이 매우 강력하고 상호침투적임을 의미한다. 이런 침투가 있기에 그리스도와 연합하게 하신 성령은 신자가 기도할 바를 알지 못할 때조차 말할 수 없는 탄식으로 신자를 위해 기도하실 수 있는 것이다.

그리스도와의 연합은 성경에 여러 가지 이미지로 나타난다.

첫째, '그리스도의 몸' 이다(롬 12:4-5, 고전 6:15, 10:16-17). 이는 신자가 그리스도 안에서 서로 결합된 유기적 존재임을 보여준다.

둘째, '성전과 건물' 이다(고전 3:9,16-17, 6:19-20). 성전은 하나님이 그의 백성 가운데 성령으로 거하시는 곳이고 신자는 함께 성령 안에 성전을 이루어간다.

셋째, '결혼' 이다(롬 7:1-4, 고전 6:15-17, 고후 11:2-3, 엡 5:22-32, 계 19:9, 21:2, 22:17). 결혼은 개인적이고 배타적인 결속 관계를 상징하며 이는 교회와 그리스도의 영적 연합을 나타낸다.

넷째, '옷' 이다(롬 13:12-14, 8:11, 고전 15:51-54, 고후 5:1-4). 이는 그리스도를 닮고 일치되어 가는 강력한 연합을 상징한다.

요컨대 그리스도를 믿는 것(believing in)은 그리스도 안으로 들어가 그분과 연합하는 것이다. 이 연합은 법적 효력을 갖는 연합이기에 취소될 수 없다. 법적 효력의 근거는 우리를 의롭다 선언하시는 하나님의 의에 근거한다(롬 1:17). 그리스도와 연합할 때 신자는 그리스도의 구속사에 함께 '참여'하고, 그의 현존에 실재적으로 상호 내주하게 되며, 그리스도의 지체들과 함께 공동체적으로 '통합'하게 된다.

예수 그리스도의
부활의 증거들

* * * * *

사도 바울은 고린도전서 15장 12~17절에서 그리스도의 부활이 우리 믿음의 기초이며 기독교에서 가장 중요한 사건이라고 증거한다. 그리고 바울은 17절에서 그리스도께서 다시 사신 것이 없으면 우리의 믿음은 헛되다고 강조한다.

기독교의 본질은 예수 그리스도의 부활에 있다. 루터교와 장로교는 서로 차이가 있다. 종교개혁에서 루터는 믿음으로 구원받는다는 이신칭의의 교리로 개혁의 선봉에 섰다. 루터의 개혁은 죄의 문제에서 출발했기 때문에 그의 강조점은 죄 용서를 위해 십자가 상에서 죽으신 예수님의 대속의 죽음이었다. 예수님의 죽으심을 통해 우리의 죄가 속죄되었고 의인이 되었다는 사실을 강조하며 가톨릭의 공로 구원을 비난했다. 그래서 오늘날 루터교 교회 안의 십자가에는 항상 인간의 죄를 담당하기 위해 고난 받으시는 예수님이 매달려 있다. 이렇게 해서 예수님의 대속의 죽음으로 죄의 문제가 해결되었다는 것을 부각시킨다.

그러나 장로교는 다르다. 장로교 교회 안에서는 예수님이 못 박혀 있는 십자가의 모습을 찾기가 쉽지 않다. 단지 그냥 십자가만을 세워 놓을 뿐이다. 여러 가지 이유가 있겠지만 예수님은 우리 죄를 담당하신 십자가의 주님이시지만 동시에 부활하신 승리의 주님이시기 때문이다. 이런 점에서 장로교는 루터교보다 사도 바울의 가르침대로 부활의 의미를 좀 더 강조하고 있다. 이제 기독교의 핵심인 부활의 증거를 생각해보기로 하자.

예수님의 부활은 사실인가?

죽은 사람이 어떻게 다시 살아날 수 있을까? 참으로 믿기 어려운 일이다. 당시 사도시대에도 그 사실을 믿을 수 없어 부활과 관련해서 많은 이단이 나왔다. "그리스도께서 죽은 자 가운데서 다시 살아나셨다 전파되었거늘 너희 중에서 어떤 사람들은 어찌하여 죽은 자 가운데서 부활이 없다 하느냐"(고전 15:12). "그리스도께서 만일 다시 살아나지 못하셨으면 우리가 전파하는 것도 헛것이요 또 너희 믿음도 헛것이며"(고전 15:14).

이성을 맹신하는 사람들은 부활사건을 합리적으로 해석하려고 한다. 그들은 예수님의 부활에 대해 실제로 부활이 일어난 것이 아니라 제자들이 예수님을 너무나 사모한 나머지 예수님의 부활을 조작하고 전파했다고 주장한다. 또한 어떤 사람들은 다시 사신 예수님을 환상이나 꿈을 통해 본 것을 마치 죽은 예수님이 살아난 것으로 전했다고 말한다.

구체적으로 부활을 반박하는 논리들을 분류하면 다음과 같다. 첫째, 제자들이 밤중에 시체를 훔쳐가서 예수님이 마치 부활하신 것처럼 꾸몄다는 것이다. 둘째, 여인들이 예수님의 무덤을 잘못 찾아가 다른 빈 무덤을 발견하고서 예수님이 부활하셨다고 착각했다는 것이다. 셋째, 예수님은 돌아가신 것이 아니라 기절했을 뿐이라는 것이다. 그래서 무덤의 서늘한 공기에 정신이 들어 소생하셨다는 것이다. 그리고 마지막으로 부활하신 예수님을 직접 보았다는 사람들은 실제로 예수님을 본 것이 아니라 환상이나 심리적인 착각을 일으켰다는 것이다. 그러나 성경은 분명히 예수님이 로마 군인들에 의해 죽으셨고, 3일 만에 부활하셨으며, 소수가 아니라 많은 사람에게 자신을 보이셨다고 증거하고 있다(고전 15장).

부활은 기독교 신앙의 본질이다. 기독교 신앙의 본질인 부활이 제자들의 착각이나 거짓에 의해 만들어졌다면 어떻게 기독교가 예수님의 부활 이후 2천 년이 넘게 그 박해에도 부활 신앙을 유지할 수 있었겠는가? 그리고 어떻게 기독교는 유대인의 핍박에도 예수님이 부활하신 날을 토요일 대신 안식일로 지키는 전통을 세울 수 있었겠는가? 부활에 대한 확실한 체험이 없이는 불가능한 일이다. 오히려 부활을 부인하는 주장들은 현대적 역사관과 이성주의에 의해서 초자연적인 사실을 부정하려는 편견 때문이라고 볼 수 있다.

사도 바울의 경우 그는 다메섹 도상에서 부활하신 예수님을 만났다. 혹자는 바울이 다메섹 도상에서 본 예수님은 부활하신 예수님이 아니라 예수님에 대한 환상을 본 것이라고 주장한다. 그러나 만약 바울이 그가 증거한 대로 부활하신 예수님이 아니라 예수님의 환상을 본 것이라면 그리스도인들을 핍박하던 그가 어떻게 모든 유대적 가치관을 버리고 하루아침에 예수님을 메시아나 구원자로 전파할 수 있었겠는가? 어떻게 부활이 없으면 우리의 신앙이 헛것이라고 목숨을 걸고 전파할 수 있었겠는가?

예수님의 형제 야고보도 처음에는 예수님을 의심하여 예수님

천사 성당.
예수님의 무덤 바깥방으로 천사가 처음으로 예수님을 부활을 선포한 곳에 세워져 있다.

을 하나님의 아들로 인정하지 않았다. 그러나 그는 예수님의 부활 이후 완전히 다른 사람이 되었다. 예수님의 초자연적인 부활을 그가 직접 목격했기 때문이다. "그 후에 야고보에게 보이셨으며 그 후에 모든 사도에게와"(고전 15:7).

예수님의 제자들은 예수님의 부활 이후 담대하게 예수님을 그리스도인 메시아로 전하기 시작했다. 당시 유대인의 메시아관은 정치적 메시아로서 이스라엘의 대적을 물리치고 이스라엘을 구원하는 메시아였다. 그렇기 때문에 메시아가 사람들로부터 핍박을 받고 십자가에 달려 죽는다는 것은 상상할 수도 없었다. 더군다나 유대인들은 나무에 달린 자마다 하나님으로부터 저주를 받았다는 말씀을 알고 있었기 때문에(신 21:23) 나무에 달려 죽은 예수가 메시아라는 것은 유대인들의 입장에서는 어불성설이었다.

이러한 상황에서 어떻게 제자들이 한목소리로 예수님을 메시아라고 담대히 증거할 수 있었겠는가? 그것은 놀라운 예수님의 부활을 눈으로 직접 체험하고 예수님이 메시아라는 사실을 깨달았기 때문이라고밖에 설명할 수 없다. 그러므로 우리는 예수님이 분명하게 부활하셨다는 것을 두 가지 방법을 통해 알 수 있다. 즉 제자들의 증거와 믿음의 눈이다.

사도들과 제자들은 예수님의 부활을 자신들의 목숨을 걸면서

까지 증거했다. 만약 예수님의 부활이 사실이 아니라 제자들이 조작한 것이었다면 어떻게 제자와 사도들이 목숨을 바쳐가면서 증거할 수 있었단 말인가? 역사적으로 당시 예수님의 부활을 증거하는 사람들은 많은 핍박을 받았다. 유대인뿐만 아니라 나중에는 로마인들까지도 핍박을 가했다. 이런 핍박 때문에 신앙의 이탈자도 많이 생겨났다. 핍박 가운데서도 제자들이 예수님의 부활을 목숨 걸고 증거했다는 사실은 예수님의 부활을 직접 목격했기 때문이라는 방증이다. 그러므로 이러한 간접 증거들을 통해 우리는 예수님의 부활을 믿을 수 있다.

또한 우리는 더욱 확실하게 예수님의 부활을 믿음의 눈을 통해 알 수 있다. 예수님은 의심하는 도마에게 이렇게 말씀하셨다. "너는 나를 본 고로 믿느냐. 보지 못하고 믿는 자들은 복되도다"(요 20:29). 예수님은 우리가 부활을 직접 목격하지는 않았더라도 믿음을 통해 부활 신앙을 갖기를 원하신다. 그리고 그런 믿음을 칭찬하신다. 이성적으로 생각할 때 도마에게 하신 예수님의 말씀은 이치에 맞지 않다. 어떻게 보지도 않고 믿을 수 있단 말인가? 그러나 예수님이 그렇게 말씀하신 이유는 부활 신앙은 보지 않고 믿음의 눈으로 확신할 수 있기 때문이다.

그러면 어떻게 보지 않고 믿는 일이 가능할까? 결론적으로 말해서 부활을 믿으려 할 때 성령이 우리 마음속에 확신을 불어넣어 주기 때문이다. 이것이 믿음의 신비이다. 그러므로 부활이 역사적인 사건이었다는 것은 목숨까지 희생했던 제자들의 증거와 믿음의 눈을 통해 확신할 수 있다.

부활의 영적 의미는 무엇인가?

우리가 예수님의 부활을 믿는다 해도 의문은 여전히 남아 있다. 도대체 그것이 나와 무슨 상관이 있느냐 하는 것이다. 예수님이 부활하셨다 하더라도 그것은 어디까지나 예수님 한 개인의 사건이 아니냐고 반문할 수 있기 때문이다. 실로 성경에는 그와 같은 생각을 하는 이단들이(후메내오와 빌레도) 생겨났다. "진리에 관하여는 그들이 그릇되었도다. 부활이 이미 지나갔다 함으로 어떤 사람들의 믿음을 무너뜨리느니라"(딤후 2:18).

이에 대해 성경은 예수님의 부활은 온 인류에게 의롭다함과 영생을 가져다준 세계적 사건이며, 동시에 죄 아래 있는 만물을 다시 회복시키는 우주적인 의미를 갖고 있다고 말한다. 한마디로 죽음의 길에서 생명의 길을 새롭게 열어 우리로 하여금 영생으로 부활할 수 있다는 부활의 소망을 갖게 하는 사건이라고 선언하고 있다.

아담의 범죄로 이 세상에 죄와 사망이 왔고 그 결과로 만물이 사탄의 통치 아래 놓이게 되었다. 그런데 예수님은 자신의 부활을 통해서 세상에 들어온 사망을 이기시고 세상에 의롭다함과 부활과 영생의 소망을 가져다 주셨다고 성경은 말한다.

"사망이 한 사람으로 말미암았으니 죽은 자의 부활도 한 사람으로 말미암는도다"(고전 15:21). "예수께서 이르시되 나는 부활이요 생명이니 나를 믿는 자는 죽어도 살겠고 무릇 살아서 나를 믿는 자는 영원히 죽지 아니하리니 이것을 네가 믿느냐"(요 11:25-26). "예수는 우리가 범죄한 것 때문에 내줌이 되고 또한 우리를 의롭다 하시기 위하여 살아나셨느니라"(롬 4:25). "그의 능력이 그리스도 안에서 역사하사 죽은 자들 가운데서 다시 살리시고 하늘에서 자기의 오른편에 앉히사 모든 통치와 권세와 능력과 주권과 이 세상뿐 아니라 오는 세상에 일컫는 모든 이름 위에 뛰어나게 하시고 또 만물을 그의 발 아래에 복종하게 하시고 그를 만물 위에 교회의 머리로 삼으셨느니라"(엡 1:20-22).

이렇게 성경은 예수님의 부활이 온 인류를 위한 우주적인 사건이었음을 말하고 있다. 혹자는 예수님의 부활이 사실이라 할지라도 어떻게 한 개인의 죽음과 부활이 모든 인류의 운명을 좌우하는 사건이 될 수 있는가 하고 반문할지도 모른다. 그러나 이런 문제 제기는 하나님의 방법을 올바로 이해하지 못한 데서 나온 오해이다.

구약시대부터 하나님은 항상 미련하고 작은 것을 통해 역사하셨다. 십자가도 마찬가지다. 그래서 고린도전서 1장 18절에 보면 "십자가의 도가 멸망하는 자들에게는 미련한 것이요 구원을 받는 우리에게는 하나님의 능력이라"고 말씀하고 있다.

구약에 보면 하나님은 홍수로 세상을 심판하실 때 한 개인 노아를 택하여 인류를 구원하셨다. 또한 바벨탑사건 이후 위기에 빠진 인류를 구원하기 위해서 하나님은 한 사람 아브라함을 택하여 부르셨다. 당시에 강대국도 많았다. 그러나 하나님은 처음부터 고대 바벨론 같은 강한 나라를 사용하지 않으셨고, 자신의 구원 계획을 이루기 위해 연약한 한 사람 아브라함을 선택하셨던 것이다. 아브라함의 선택은 한 개인적인 사건이었지만 그 후 성경의 증거와 역사는 그 선택이 온 인류의 구원을 위한 중요한 사건이었음을 웅변적으로 보여주고 있다. 하나님은 이렇게 자신의 뜻을 이루기 위해 우리의 상상을 초월하시는 분이다. 우리의 눈으로는 보잘것없는 방법을 통해 하나님은 인류를 위한 자신의 계획을 실행해 나가셨다.

엠마오교회. "그날에 그들 중 둘이 예루살렘에서 이십오 리 되는 엠마오라 하는 마을로 가면서"
(눅 24:13). 부활하신 예수님은 엠마오로 내려가는 두 제자를 만나고 같이 식사를 하셨다. 프란
시스코수도회는 글로바의 집으로 간주되는 지점에 이 교회를 세웠다.

이처럼 인간의 상상을 초월하는 방법으로 구원을 이루시는 이유는 구원이 인간의 판단이 아니라 하나님의 은혜에 의해 이루어진다는 진리를 보여주기 위함이다. 따라서 우리가 구약을 통해 하나님이 한 개인을 택하셔서 구원 계획을 이루어 가신다는 사실을 알고 하나님의 구원 방법을 이해한다면, 예수님의 부활이 개인적인 차원을 넘어 세상에 영생과 의롭다함을 주기 위한 우주적인 사건이었음을 충분히 믿을 수 있다.

우리는 부활을 어떻게 맞아야 하는가?

이런 부활에 대해 먼저 우리는 그대로 믿고 감사하는 자세를 가져야 한다. 성경은 예수님의 부활로 인해 얻어진 구원은 마지막 날에 우리 몸이 부활할 때 완성된다고 말씀한다. 성경은 하나님 나라가 온전히 도래할 때 하나님이 우리의 몸을 다시 살리실 것이라고 말씀한다.

바울 당시에 부활의 몸에 대해 의문을 제기하는 사람들이 있었다. "누가 묻기를 죽은 자들이 어떻게 다시 살아나며 어떠한 몸으로 오느냐 하리니"(고전 15:35). 이에 대해 바울은 신령한 몸으로 우리가 다시 살 것이라고 말하였다. "육의 몸으로 심고 신령한 몸으로 다시 살아나나니 육의 몸이 있은즉 또 영의 몸도 있느니라"(고전 15:44).

십자가에서 죽으신 후 제자들에게 나타나신 부활의 예수님은 십자가에서 돌아가시기 전의 모습과는 확실히 다른 모습이었다. 그것은 부활한 신령한 몸이었기 때문이다. 그래서 처음에 제자들 중에는 예수님을 즉시 알아보지 못한 사람들도 있었다.

부활하신 예수님의 모습을 통해 우리는 부활의 몸이 어떤 것인지를 어느 정도 짐작할 수 있다. 확실히 부활의 몸은 세상에 있었던 육의 몸과는 다르다. 그것은 신령한 몸이다. 성경은 성도가 부활할 때의 몸은 그리스도의 영광의 몸과 같이 영광의 형체로 변하게 될 것이라고 말씀한다. "그는 만물을 자기에게 복종하게 하실 수 있는 자의 역사로 우리의 낮은 몸을 자기 영광의 몸의 형체와 같이 변하게 하시리라"(빌 3:21).

그렇다고 부활할 우리의 몸이 세상에 있었던 육신의 몸과 전혀 연속성이 없다는 의미는 아니다. 제자들이 부활하신 예수님을 곧 알아봤다는 사실은 우리의 육신의 몸과 부활할 몸에는 어느 정도 연속성이 있음을 암시한다. 그러므로 이 세상의 몸이 부활할 몸과 연관되어 있다는 사실을 알고 항상 우리의 몸이 죄악에 물들지 않도록 정결하게 살 의무가 있다.

"사랑하는 자들아 우리가 지금은 하나님의 자녀라. 장래에 어떻게 될지는 아직 나타나지 아니하였으나 그가 나타나시면 우리가 그와 같을 줄을 아는 것은 그의 참모습 그대로 볼 것이기 때문이니 주를 향하여 이 소망을 가진 자마다 그의 깨끗하심과 같이 자기를 깨끗하게 하느니라"(요일 3:2-3).

"하나님이 주를 다시 살리셨고 또한 그의 권능으로 우리를 다시 살리시리라. 너희 몸이 그리스도의 지체인 줄을 알지 못하느냐. 내가 그리스도의 지체를 가지고 창녀의 지체를 만들겠느냐. 결코 그럴 수 없느니라"(고전 6:14-15).

다시 말해 성경은 우리 몸이 부활하게 될 몸과 연속성을 갖기 때문에 부활의 소망을 가지고 몸을 정결하게 유지하도록 권면하고 있다. 또한 아담의 범죄로 인하여 죽을 수밖에 없는 우리를 위해 예수 그리스도를 세상에 보내시어 십자가에서 우리의 죄를 대속하게 하시고, 3일 만에 부활하시어 예수님을 믿고 영접하는 누구든지 부활의 기쁨을 주시고자 하는 하나님의 사랑을 증거하고 있다.

끝으로 우리는 사도 요한의 다음 말씀을 깊이 새겨 성경의 소중함을 깨닫고 예수님의 재림을 사모하는 재림신앙을 잊지 말자.

"내가 이 두루마리의 예언의 말씀을 듣는 모든 사람에게 증언하노니 만일 누구든지 이것들 외에 더하면 하나님이 이 두루마리에 기록된 재앙들을 그에게 더하실 것이요 만일 누구든지 이 두루마리의 예언의 말씀에서 제하여 버리면 하나님이 이 두루마리에 기록된 생명나무와 및 거룩한 성에 참여함을 제하여 버리시리라. 이것들을 증언하신 이가 이르시되 내가 진실로 속히 오리라 하시거늘 아멘 주 예수여 오시옵소서. 주 예수의 은혜가 모든 자들에게 있을지어다. 아멘"(계 22:18-21).